직장생활 상식법률

「근로기준법」을 중심으로

최윤희 저

직장생활 상식법률

「근로기준법」을 중심으로

건국대학교출판부

머리말

직장생활 관련 상식법률 강의를 하게 되면서 노동법에 처음 입문하는 학생들과 직장인들의 입장에서 많이 필요한 법적 지식들을 간추려서 정리할 필요성을 느끼게 되었다. 우리 주변에서 일어나는 대부분의 법적 분쟁들을 살펴보면 분쟁의 당사자들이 특별히 억지를 부리거나 욕심을 내지 않았는데도 분쟁이 발생하는 경우가 허다하다. 이러한 경우는 대부분 법의 부지不知로 인한 경우로서, 법적인 문제점들을 미리 알고 당사자가 합리적으로 대처한다면 일어나지도 않았을 분쟁이 그만큼 많은 셈이다.

대학에서 강의를 듣는 학생들은 대부분 졸업 이후 취업해서 직장생활을 하게 되는 만큼 직장생활과 관련한 법률 특히 「근로기준법」을 중심으로 주요한 노동 관련 법적 문제들을 미리 익혀 두면 도움이 될 것으로 보아 직장생활 관련 상식법률 강의를 개설하였고, 강의를 계속하면서 「근로기준법」 입문서의 필요성 또한 많이 느껴서 이번에 책을 출간하게 되었다.

아무쪼록 이 책이 향후 「근로기준법」의 입문서로서 대학에서 강의를 듣는 학생들 외에도 직장생활을 하는 분들의 상식법률 서적으로 계속 읽혀지기를 바라면서 앞으로도 이 책을 더욱더 다듬고 꾸준히 발전시킬 계획이다. 책을 집필하는 동안 많이 배려하고 도와주신 가족과 책의 출간에 큰 도움을 주신 건국대학교출판부 관계자 여러분께 감사드린다.

2016년 여름

건국대학교 법학전문대학원 연구실에서

최 윤 희

차 례

Chapter 01

노동기본권 성립과 「근로기준법」 입법 연혁

직장생활 상식법률

「근로기준법」을 중심으로

01 노동기본권의 성립과정과 그 의의

산업화 내지는 산업혁명이라 함은 사회 전체의 자본축적의 정도가 낮은 산업화 이전의 단계로부터 자본 집약 내지 자본이 축적되는 산업화 단계로 변화함에 있어 사회가 겪게 되는 사회적 내지 경제적 변화의 과정이라고 할 수 있다. 광의의 개념에 있어 현대화의 한 부분이라고 할 수 있는 산업화에 있어서 사회의 사회적 내지 경제적 변화는 기술혁신과 밀접한 관련을 가지게 된다. 특히 대규모의 에너지 양산과 금속공업의 발달과 같은 기술혁신이 그 대표적 예라고 할 수 있다. 전 세계에서 최초로 산업화된 대표적인 도시는 영국의 북서지방에 있는 맨체스터를 들 수 있는데,[1] 산업화의 가장 큰 공헌은 무엇보다도 자본집적을 통하여 절대빈곤으로부터 인류를 탈출시켰다는 점이다. 산업화 이전 전 세계 인구의 대다수는 단순히 식량을 해결하기 위한 농업에 종사하였다는 점을 감안한다면 산업화의 공로는 참으로 큰 것이다. 하지만 그럼에도 불구하고 산업화는 법적인 측면에서 긍정적인 효과만 가져온 것은 아니다. 많은 임금 노동자들이 생겨났고, 이들의 노동기본권 보장문제가 대두되었다.[2] 산업화 이후 이상적으로 생각했던 근대적 법치주의하에 계약자유의 원

1 "Wikipedia, the free encyclopedia".

2 이 부분은 최윤희, 「산업화와 법 -산업화에 따른 노동, 환경, 자본, 사회보장의 측면에서 본 법과 법률가의 역할-」, 『일감법학』 제13호, 건국대학교 법학연구소, 2008, 75-76쪽 인용.

칙은 수정을 필요로 하였고, 근로자의 열등한 사회적 · 경제적 지위를 보호하고자 근로권 개념이 대두되었다. 이러한 근로권 개념으로부터 노동기본권이 정립되었는데 근로권을 명문화한 최초의 「헌법」인 독일의 「바이마르 헌법」 이래 각국의 「헌법」들은 노동기본권에 관한 규정을 두고 있다. 우리의 경우도 마찬가지로, 「헌법」 제32조 제1항에서 "모든 국민은 근로의 권리를 가진다. 국가는 사회적 · 경제적 방법으로 근로자의 고용의 증진과 적정임금의 보장에 노력하여야 하며, 법률이 정하는 바에 의하여 최저임금제를 시행하여야 한다."고 규정하고 있다.

근로기본권의 법적 성격에 대하여는 자유권으로서의 성격과 적극적 기본권으로서의 생존권적 기본권의 성격을 모두 다 가지고 있다고 본다.[3] 생존권적 성격 즉 청구권적 성격을 가진다는 점에서 과연 구체적 권리성을 부여할 것인가에 대하여 논란[4]이 있는데, 국가에 대하여 직접 일자리를 달라고 취업을 청구할 권리가 있다고 해석하거나 직업이 없다는 이유로 생활비 청구를 할 권한이 노동기본권에서 직접 도출될 수 있다고 보기는 어렵다는 생각이다.

따라서 국가는 국민의 일자리 창출을 위해 노력하는 한편, 근로자 보호를 위한 각종 입법 규정을 두어 이를 시행할 의무를 가지는 것이지만, 그렇다고 해서 개개의 국민이 이 규정을 근거로 국가에 대하여 직접적인

3 허 영, 『한국헌법론』, 박영사, 2005, 498쪽.

4 직접적 · 구체적 권리성을 인정하는 견해: 김철수, 『헌법학개론』, 박영사, 2005, 837쪽.

청구권이 발생한다고 보기는 어렵다. 앞서 본 바와 같이 현재 우리 「헌법」 규정은 국가의 고용증진과 적정임금 보장 노력 규정을 두고 있고 법률에 의하여 최저임금제를 시행하여야 한다고 규정함으로써, 구체적인 법률 규정이 없이 「헌법」 규정에만 의거하여 국민의 국가에 대한 구체적인 취업 청구권 내지는 취업이 불가능한 경우 생활비 청구권이 발생한다고 보기는 어렵다. 현재 우리 정부는 이러한 노력의 일환으로 고용을 촉진하고 취업이 불가능한 경우의 생활보장을 위한 각종 입법을 하고 국민의 취업과 취업교육 등을 위해 노력하고 있다.

02/ 노동 3권의 의미

우리 「헌법」은 제33조 제1항에서 "근로자는 근로조건의 향상을 위하여 자주적인 단결권 · 단체교섭권 및 단체행동권을 가진다."고 규정함으로써 노동 3권을 국민의 기본권으로서 보장하고 있다. 단결권은 노동조합을 결성하고 이에 가입 · 탈퇴할 수 있는 권리를 의미하고, 단체교섭권은 노동조합이 사용자와 근로조건의 개선 내지 유지를 위하여 교섭할 권리를 의미하며, 단체행동권은 노동조합이 사용자와의 단체교섭에서 필요한 경우 쟁의행위를 할 수 있는 권리를 의미한다. 일반적으로 다른 법률관계에서는 법적으로 주장할 권리가 있다 하더라도 권리의 자력구제는 법치주의하에서 금지될 뿐만 아니라, 자신의 권리를 행사하기 위한 단체행동은 금지되는 것이 원칙이다. 그런데 노동법에서 특별히 노동조합에 단체교섭권과 단체행동권이 허용되는 것은 바로 「헌법」상의 노동 3권이라는 기본권 보장에 근거한다. 사용자에 비하여 경제적 · 사회적으로 약한 위치에 있는 근로자에 한하여 근로자 단체로서 노동조합을 결성하여 사용자와 대등한 위치에서 교섭하고 그 교섭력을 제대로 행사할 수 있는 도구로서 단체행동권을 인정한 것이다. 따라서 노동기본권은 앞서 본 근로를 할 권리 외에 노동 3권이 보장됨으로써 비로소 완결된 기본권으로서 그 기능과 역할을 충실히 한다고 할 것이다. 이와 같은 노동 3권의 법적 성격 또한 근로기본권과 마찬가지로 자유권적 성격과 생존권적 성격을 모두 가지고 있다고 본다. 근대적 법치주의가 이상으로 여겼던 사적자치의 원칙이 전제로 하고 있던 지극히 이상적이고도 합리적인 인간성에 대한 전제가 흔들리면서 근로와 같은 사회 영역에 있어서의 사적 자치는 일정 부분 국가에 의한 감독이 필요하다는 사고의 전환이 노동기본권을 포함한 사회권적 기본권 개념을 수립하게 하였고, 이는 앞서 본 바와 같이 독일 「바이마르 헌법」을 기점으로 한 현대 법치주의로의 전환점이 되었다. 자유와 평등을 중시하던 근대 법치주의에서 자유와 평등과 같은 전통적 기본권 외에도 생존권적 기본권의 중요성을 인식한 것이 현대 법치주의이며, 그 일환으로서 노동법의 역사도 시작되었다고 할 수 있다. 현재 우리는 「헌법」상의 노동 3권 보장에 근거하여 「노동조합 및 노동관계조정법」을 입법하여 노동조합 전반에 관한 규정을 두고 있는데, 이 책에서는 주로 개별 근로관계에 적용되는 노동법 분야에 국한하여 주요 사항들을 설명하고자 하므로 집단노동관계를 규율하는 「노동조합 및 노동관계조정법」에 대하여는 더 이상 다루지 않기로 한다.

03/ 「근로기준법」 및 주요 노동법 입법 연혁

1953년에 「근로기준법」을 비롯한 우리의 주요 노동 관련 법들이 제정되었다. 같은 해에 제정된 법으로는 「노동조합법」, 「노동쟁의조정법」, 「노동위원회법」 등을 들 수 있다. 1953년 5월 10일에 제정된 「근로기준법」은 이후 수차례의 개정을 거쳐서 1997년 대폭 개정되면서 1997년 3월 13일에 새로운 제정의 형식으로 다시 입법되었다. 이후 다시 여러 차례의 개정을 거쳐 현재에 이르고 있다. 「근로기준법」 최초 제정 이후 주요 입법 내용의 변천을 살펴보면, 1962년 「선원법」의 제정으로 인해 근로자 중에서도 선원의 경우 특별법인 「선원법」에 의하여 근로조건을 우선 규율하게 됨으로써 선원의 근로조건에 대하여서는 「근로기준법」이 보충적 법원으로서 그 지위가 바뀌었고, 1963년 「산업재해보상보험법」의 제정으로 인해 「근로기준법」상의 재해보상 규정들은 사회보험인 산업재해보상보험 관련 규정들이 많은 경우 대체 적용되게 되었다. 1986년 「최저임금법」의 제정에 따라 「근로기준법」상의 최저임금 규정은 별도로 입법된 특별법인 「최저임금법」으로 대체되었으며, 1990년 「산업안전보건법」 입법으로 인해 「근로기준법」상의 산업안전보건 관련 규정들은 마찬가지로 특별법인 「산업안전보건법」으로 대체되었다. 2005년의 「근로자퇴직급여보장법」의 제정으로 인해 「근로기준법」상의 퇴직금보호 규정 또한 특별법인 「근로자퇴직급여 보장법」의 별도 규정으로 대체되었다. 비정규직 근로자 보호 입법으로는 1998년 「파견근로자보호 등에 관한 법률」이 제정된 이래 2006년 「기간제 및 단시간근로자 보호 등에 관한 법률」이 제정되면서 비정규직 근로자 관련 법률이 모두 입법되어 이들 법률도 이후 수차례의 개정을 거쳐 현재에 이르고 있다.

이 외에도 주목할 입법으로는 1987년의 「남녀고용평등법」의 입법을 들 수 있는데, 이 법 또한 수차례의 개정을 거치면서 2008년에는 「남녀고용평등과 일 · 가정 양립 지원에 관한 법률」로 개칭되면서 이후 수차례의 개정을 거쳐 현재에 이르고 있다.

Chapter 02

「근로기준법」의 적용 대상으로서의 근로자

직장생활 상식법률

「근로기준법」을 중심으로

01/ 상시 5인 이상의 근로자를 사용하는 사업 또는 사업장

우리 「근로기준법」 제11조 제1항에 의하면, 「근로기준법」의 적용 범위에 대하여 "이 법은 상시 5명 이상의 근로자를 사용하는 모든 사업 또는 사업장에 적용한다. 다만, 동거하는 친족만을 사용하는 사업 또는 사업장과 가사사용인에 대하여는 적용하지 아니한다."고 규정하고 있어, 상시 5인 이상을 근로자로 사용하는 사업 또는 사업장이 「근로기준법」의 원칙적인 적용 대상임을 명시하고 있다.

여기서, 상시의 의미가 문제되는데 일반적으로 상시는 통상의 일반적인 상태常態를 의미한다고 한다. 따라서 근로자의 수가 때때로 5인 미만이 되는 경우가 있어도 사회통념에 의하여 객관적으로 판단하여 상태적으로 5인 이상이 되는 경우에는 이에 해당하며, 여기의 근로자에는 당해 사업장에 계속 근무하는 근로자뿐만 아니라 그때그때의 필요에 의하여 사용하는 일용근로자를 포함한다.[1] 일용근로자를 포함한다는 의미는 일용근로자가 번갈아 가면서 다른 사람이 근무한다고 하더라도 통상 1인

1 대법 2000. 3. 14. 선고 99도1243(「근로기준법」 위반 사건): 이 사건에서는 상주직원 3인을 고용하고 이사 작업에는 일용근로자를 사용하는 이삿짐운송업체가 「근로기준법」 적용 대상인 "상시 5인 이상의 근로자를 사용하는 사업 또는 사업장"에 해당하지 아니한다고 본 원심판결을 파기하면서, 상시의 의미는 상시 근무하는 근로자의 수가 5인 이상을 의미하는 것이 아니라 常態를 의미하는 것임을 설시하고 있음.

의 일용근로자가 그 사업장에서 근무를 하는 것으로 객관적으로 인정된다면 일용근로자도 1인의 근로자로 포함되어야 한다는 의미이며, 나아가 시간제근로자라 하더라도 여러 사람의 시간제근로자가 근무하는 사업장의 경우 1인당 통상적인 근로시간을 합산하여 하루 8시간이 되면 1인의 근로자로 계산되어야 한다. 하나의 사업에 여러 개의 매장이 있는 경우 이들 매장이 같은 장소에 함께 위치하고 있다면 일반적으로 이는 하나의 사업 내지 사업장으로 보아야 한다.

사업의 경우 일시적 사업이라 하더라도 계속성의 의사를 가지고 영위하는 것은 모두 사업 내지 사업장의 범위에 포함되며, 사업은 반드시 영리를 목적으로 하는 사업장만을 대상으로 하지 아니한다.[2] 우리 판례도 같은 입장이어서 건축공사의 시공업자로부터 조적공사 부분을 노무 도급받아 그때그때 공사의 규모에 따라 필요한 인부들을 모아서 일당을 주고 함께 일을 시키면서 조적공사 도급 부분에 대한 약정 도급금액을 수령하는 방식의 사업을 한 경우, 노무 도급을 받으면 비로소 근로자를 모아서 조적공사를 시행하였다 하더라도 상시 5인 이상의 근로자를 고용하는 사업 내지 사업장에 해당한다고 볼 것이며 이를 단순히 일회적인 업무에 불과하다고 볼 수는 없다고 한 사례[3]가 있고, 「근로기준법」의 적용 대상이 되는 사업 내지 사업장은 법에서 그 종류를 한정하고 있지 아

2 김형배, 『노동법』, 박영사, 2015, 205쪽; 하갑래, 『근로기준법』, 중앙경제㈜, 2013, 85쪽; 이상윤, 『노동법』, 법문사, 2011, 88쪽.

3 대법원 1994. 10. 25. 선고 94다21979 판결.

니하므로 종교사업도 해당된다고 보아 교회에 소속되어 청소 및 비품관리 등의 업무를 담당하는 사찰집사 1명, 일반서무 등을 담당하는 사무원 1명, 버스 운전기사 1명과 교회 산하의 유치원인 선교원에서 유아교육을 담당하는 유치원 교사 4명은 모두 교회에서 근로를 제공하고 그 대가로 임금을 수령하는 근로자에 해당되어 교회는 비록 영리를 목적으로 하지 않는다 하더라도 합계 7인의 근로자를 상시 사용하는 사업 내지 사업장으로서 「근로기준법」의 적용 대상이 된다고 본 사례[4] 등이 있다.

「근로기준법」의 적용 대상이 상시 5인 이상의 근로자를 사용하는 사업 또는 사업장이라는 원칙 규정에 대하여는 상시 5인 미만 근로자를 사용하는 영세한 사업장에 대한 「근로기준법」의 적용 필요성 또한 매우 크다는 점에서, 「근로기준법」은 제11조 제2항에서 상시 4명 이하의 근로자를 사용하는 사업 또는 사업장에 대하여도 대통령령으로 정하는 바에 따라 「근로기준법」의 일부 규정을 적용할 수 있다고 규정한다. 이 규정에 따라 「근로기준법 시행령」에서는 5인 미만 근로자를 상시 사용하는 사업장에 적용되는 「근로기준법」 규정들을 정하고 있는데, 이에 의하면 임금을 비롯한 근로조건, 재해보상 등의 대부분 규정이 5인 미만 근로자를 상시 사용하는 사업장에도 적용된다. 따라서 근로자를 1명이라도 상시 사용하는 사업 또는 사업장이라 하더라도 「근로기준법」 규정의 많은 부분에 있어 그 적용 대상이 된다.

4 대법원 1992. 2. 14. 선고 91누8098 판결.

02/ 근로자의 종속성 개념

「근로기준법」은 제2조 제1항 제1호에서 동법의 적용 대상인 근로자의 의미에 대하여 "근로자란 직업의 종류와 관계없이 임금을 목적으로 사업이나 사업장에 근로를 제공하는 자"를 의미한다고 규정하고 있다. 근로는 일반적으로 육체노동과 정신노동을 모두 포함하는 개념인데, 엄밀히 말해서 모든 사람은 노동을 하면서 살아간다고 할 수 있다. 그렇다면 모든 사람들이 하는 일반적인 노동의 개념과 「근로기준법」 등 노동법의 보호 대상이 되는 근로자의 근로를 어떻게 구별할 것이냐가 문제인데, 결국 근로의 종속성이 문제의 핵심이 될 것이다. 일반적으로 근로자의 종속성을 논할 때에는 근로의 속성을 하나씩 떠올리게 된다. 자영업자의 노동과 달리 근로자의 근로는 근무 시간 및 장소가 정하여져 있고, 근로를 수행함에 있어 사용자의 지시감독에 따라서 근로를 행하여야 하며, 노무 제공의 전속성이 있으므로 하나의 사업장에서 근무하면서 동시에 다른 사업장에 근로를 제공할 수 없다는 점 및 타인으로 하여금 자신의 근로를 대체하게 할 수 없다는 대체 불가능성 등이 그 특성이다. 이 외에도 임금을 목적으로 근로를 제공하는 근로자의 개념정의 중 임금 부분과 관련하여 주의할 점은 근로자에게 지불되는 임금은 반드시 근로에 대한 대가로서 지불되어야 하며, 근로 그 자체에 대한 대가가 아닌 근로자 자신의 이윤 등은 원칙적으로 포함될 수 없다는 점이다. 근로의 대가인 임금은 문자 그대로 근로 그 자체의 대가일 뿐 근로로 인한 성과에 대한 대가를 전제로 하지는 않는 것이 원칙이다. 일반적으로 임금은 일부 성과급을 포함할 수는 있으나 전적으로 성과급으로만 구성된 임금은 종속성을 전제로 한 임금의 범주에 들어가기 어렵다. 따라서 근로자의 임금은 상당한 부분의 고정급 내지 기본급이 있어야 하며 근로를 위한 각종 도구 내지 재료비를 포함하지 아니하는 개념이다. 이 외에도 근로자가 지급받는 보수에서 근로소득세를 원천징수하는 점 등도 근로자가 지급받는 보수가 임금으로 인정받을 수 있는 하나의 지표가 될 수 있다. 일반적으로 노동관계 분쟁에서 근로자성 여부가 관건이 될 때에는 위에서 본 각종 속성들이 판단을 위한 주요 지표가 된다. 이 외에도 각종 사회보장제도에 관한 법령 등 다른 법령 등에 의하여 근로자로서의 지위를 인정하는지 여부도 하나의 부수적 내지 보충적 지표가 될 수는 있을 것이다.

03/ 근로자성 인정과 관련한 주요 판례 내용 정리

1 근로자성 인정을 위한 지표들[5]

「근로기준법」상의 근로자에 해당하는지 여부는 계약의 형식과는 관계없이 실질에 있어서 근로자가 임금을 목적으로 종속적인 관계에서 사용자에게 근로를 제공하였는지 여부에 따라 판단하여야 하고, 이를 판단함에 있어서는 업무의 내용이 사용자에 의하여 정하여지고 취업규칙 · 복무규정 · 인사규정 등의 적용을 받으며 업무수행과정에 있어서도 사용자로부터 구체적이고 직접적인 지휘 · 감독을 받는지 여부, 사용자에 의하여 근무시간과 근무장소가 지정되고 이에 구속을 받는지 여부, 비품 · 원자재 · 작업도구 등의 소유관계, 보수가 근로 자체의 대상적 성격을 가지고 있는지 여부와 기본급이나 고정급이 정하여져 있는지 여부 및 근로소득세의 원천징수 여부 등 보수에 관한 사항, 근로제공관계의 계속성과 사용자에의 전속성의 유무와 정도, 사회보장제도에 관한 법령 등 다른 법령에 의하여 근로자로서의 지위를 인정하여야 하는지 여부, 양 당사자의 경제적 · 사회적 조건 등을 종합적으로 고려하여 판단하여야 하고, 반

5 대법원 2008. 10. 23. 선고 2007다7973 판결, 대법원 2007. 3. 30. 선고 2004다8333 판결, 대법원 1999. 2. 9. 선고 97다56235 판결 등.

대로 어떤 근로자에 대하여 누가 임금 및 퇴직금의 지급의무를 부담하는 사용자인가를 판단함에 있어서도 계약의 형식이나 관련 법규의 내용에 관계없이 실질적인 근로관계를 기준으로 하여야 하고, 이때에도 위와 같은 여러 요소들을 종합적으로 고려하여야 하며 실질적인 근로관계에 있지 않다면 「근로기준법」 기타 다른 법률 등에 의하여 사용자로 취급되는 경우가 있다고 하여 「근로기준법」상의 임금 및 퇴직금 지급의무까지 진다고 할 수 없다.

2 대입학원 종합반 강사의 근로자성 인정[6]

학원의 종합반 강사들이 1980년대 중반 내지 1990년대 초에 입사하여 처음에는 계약기간을 정하지 아니하고 근무하던 중 1994년부터 기간의 정함(매년 2월 중순경부터 그해 11월경까지)이 있는 근로계약을 6~7회 반복 갱신하면서 강의 내지 학급담임 업무를 수행하던 중 학원 측에서 강사들에 대한 계약의 갱신을 거절한 경우, 강사들은 「근로기준법」상의 근로자에 해당하므로 근로자로서의 퇴직금 및 해고예고수당을 청구할 수 있다.

- 강사들은 매년 2월 중순부터 대입 수학능력시험일이 있는 11월까지 아침 9시부터 저녁 7시까지 이어지는 10교시의 강의시간 중 하루에

6 대법원 2006. 12. 7. 선고 2004다29736 판결.

4~5교시, 1개월에 100~110시간의 강의를 하고 시간당 28,000원 내지 30,000원으로 계산된 월 300만 원 정도의 강사료를 받았고, 수학능력시험이 끝난 후 다음해 2월의 개강 전까지는 강의를 하지 않고 강사료도 받지 않았음.

- 학원의 일과는 08:30경에 시작하는 교직원 조례부터 시작되는데, 학급담임을 맡은 강사는 08:00까지 학원에 나와 수강생들의 아침 자습과 방송 수업을 감독하고 08:30경 교직원 조례에 참석하였고, 담임을 맡지 않은 강사는 그날 자신이 할 첫 강의 시작 전까지 학원에 나와 맡은 강의의 마지막 시간인 오후 5시 내지 7시까지 강의를 하고 퇴근하였으며, 담임을 맡은 강사들은 순번을 정하여 한 달에 몇 차례 수강생들의 야간 자습 활동을 감독하고 나서 퇴근하였음.

- 강사들은 강의가 없는 자유시간이라 하더라도 다음 강의에 대비한 휴식이나 교재 연구 등을 하므로 학원을 벗어나서 학원 외의 다른 학원 등에 강의를 나간다는 것이 불가능하였고, 특정 요일 오전이나 오후에 강의가 없도록 조정하는 것은 가능하였음.

- 담임을 맡은 강사들의 경우, 자신들이 맡은 강의 외에 아침 교직원 조례 등에서 전달받은 단순 사무와 행정적인 일로서 아침 자습과 방송 수업 감독, 저녁 자습 감독, 수강생 조례 주재, 전달 사항 통보, 등록금 통지서와 모의고사 성적표 배부, 수강생들의 외출증 · 조퇴증

의 작성 · 발급, 결석 · 지각 · 조퇴 · 외출 학생 학부모 통보, 개별 상담, 모의고사 시험 감독, 수능시험 후 대학 지원 상황 파악 · 보고, 합격자 현황 파악 · 보고 등 학원에서 담임 강사들에게 맡긴 업무를 처리하였고, 이와 같은 담임업무 수행에 대한 대가로 월 30만 원의 담임수당을 지급받았음.

• 강사들이 학원에서 처음 강사로 일할 때에는 특별히 문서로 된 계약서를 작성하지 않았고 근로소득세를 납부하였고 학원이 사업장으로 된 직장의료보험에 가입하였는데, 1994년 초부터 학원 측 방침이 바뀌어 매년 강사들과 '강의용역제공계약'이라는 이름의 계약서를 작성하였고, 강사들로 하여금 부가가치세법상 사업자등록을 하게 하고 직장의료보험 대신 지역의료보험에 가입하게 하였으며, 강사들의 보수에 대하여 근로소득세 대신 사업소득세를 원천징수하였음.

3 이사의 근로자성 인정 여부

❶ 근로자성 부인[7]

이사는 회사의 업무집행권을 가지고 회사로부터 일정한 사무 처리의 위임을 받고 있는 것이므로 회사의 주주가 아니라 하더라도 특별한 사정

7 대법원 1992. 12. 22. 선고 92다28228 판결.

이 없는 한 사용자의 지휘 · 감독 아래 일정한 근로를 제공하고 소정의 임금을 받는 고용관계에 있는 것이 아니어서 「근로기준법」상의 근로자라고 할 수 없다.

❷ 근로자성 인정

▸ 회사의 이사직에 있었다는 이유만으로 근로자가 아니라고 단정 불가[8]

「근로기준법」의 적용을 받는 근로자란 사용자로부터 근로의 대가를 받고 사용자에게 근로를 제공하는 자를 말하는 것이므로, 회사의 이사 등이 회사로부터 위임받은 사무를 처리하는 이외에 사장 등의 지휘 · 감독하에 일정한 노무를 담당하고 그 대가로 일정한 보수를 지급받아 왔다면 「근로기준법」상의 근로자라고 볼 수 있다고 할 것이므로, 회사의 이사직에 있었다는 이유만으로 근로자가 아니라고 단정할 수는 없다.

▸ 계약의 형식이 아닌 실질에 따라 근로자성 여부를 판단[9]

「근로기준법」의 적용을 받는 근로자에 해당하는지 여부는 계약의 형식에 관계없이 그 실질에 있어서 임금을 목적으로 종속적인 관계에서 사용자에게 근로를 제공하였는지 여부에 따라 판단하여야 할 것이므로, 회사의 공장장으로 근무하던 중 이사대우로 승진하였는데 승진 후에도 매

---

8 대법원 1997. 11. 11. 선고 97도813 판결.

9 대법원 2000. 9. 8. 선고 2000다22591 판결.

일 그 공장에 출근하여 종전부터 하여 온 공장장으로서의 업무를 처리하면서 그 대가로 일정한 보수를 받은 경우, 회사의 이사라 하더라도 회사로부터 위임받은 사무를 처리하는 외에 사장 등의 지휘 · 감독하에 일정한 노무를 담당하고 그 대가로 일정한 보수를 지급받는 관계에 있었으므로 「근로기준법」상 근로자에 해당한다.

▸ 실질적인 근로의 내용에 따라 판단[10]

비등기임원 내지 등기임원의 직함을 가지고 근무하였으나 이사 직함은 형식적인 것일 뿐, 실제로는 계속 일정액의 급여를 받고 업무집행권과 대표권을 가진 대표이사, 회장 내지 부회장의 지휘 · 감독하에 실질적으로는 종속적인 근로를 제공한 자는 근로자로 보아야 한다.

10 대법원 2003. 9. 26. 선고 2002다64681 판결.

Chapter 03

「근로기준법」의 주요 원칙 규정

직장생활 상식법률

「근로기준법」을 중심으로

01 근로조건의 기준 · 결정 및 준수

「근로기준법」은 제1조에서 그 입법 목적을 규정하고 있는데, 「헌법」에 따라 근로조건의 기준을 정함으로써 근로자의 기본적 생활을 보장, 향상시키며 균형 있는 국민경제의 발전을 꾀하는 것을 입법 목적으로 하고 있다. 이러한 입법 목적에 따라 「근로기준법」 제3조는 근로조건의 기준에 관하여 "이 법에서 정하는 근로조건은 최저 기준이므로 근로관계 당사자는 이 기준을 이유로 근로조건을 낮출 수 없다."고 규정하고 있다. 따라서 「근로기준법」상의 근로조건은 어디까지나 법정 최저 근로기준이므로 어떠한 경우에도 근로계약을 체결함에 있어 「근로기준법」상의 근로기준에 미치지 못하는 근로기준을 내용으로 하는 근로계약은 체결할 수 없고, 만약 이에 위반한 근로계약을 체결하면 이는 「근로기준법」 제3조의 규정에 의하여 그 효력을 인정할 수 없다. 이러한 내용은 「근로기준법」 제15조가 한 번 더 상세히 규정하고 있는데, 제15조 제1항에서는 「근로기준법」에서 정하는 기준에 미치지 못하는 근로조건을 정한 근로계약은 그 부분에 한하여 무효로 한다고 규정하고 있고, 제2항에서는 위와 같이 제1항에 따라 무효로 된 부분은 「근로기준법」에서 정한 기준에 따른다고 규정하고 있다. 근로조건의 기준에 이어 근로조건의 결정에 대하여는 「근로기준법」 제4조가 규정하고 있는데, 이 규정에 의하면 근로조건의 결정에 있어 근로자와 사용자가 동등한 지위에서 자유의사에 따라 결정하여야 하고, 동등한 지위에서 자유의사에 따라 체결된 근로계약이라면 이러한 계약을 준수할 의무가 있다는 전제하에서 「근로기준법」 제5조는 근로자와 사용자는 각자가 단체협약, 취업규칙과 근로계약을 지키고 성실하게 이행할 의무가 있다고 규정한다.

02/ 균등한 처우

「근로기준법」 제6조는 균등한 처우에 관한 규정을 두고 있는데, 사용자는 근로자에 대하여 남녀의 성을 이유로 차별적 대우를 하지 못하고, 국적 · 신앙 또는 사회적 신분을 이유로 근로조건에 대한 차별적 처우를 하지 못한다고 규정하고 있다. 여기서 근로조건이라 함은, 예컨대 임금 · 근로시간 · 상여금 · 재해보상 · 안전위생 · 복리후생 등 일체의 근로조건을 의미하며, 차별적 대우라 함은 그 비교 대상이 되는 근로자가 있어야 하는데 통상의 경우 동일 내지 유사한 업무를 수행하는 근로자가 그 비교 대상이 된다. 균등한 처우 중에서도 남녀의 성별에 따른 균등처우에 관하여는 별도의 특별법으로서 「남녀고용평등과 일 · 가정 양립 지원에 관한 법률」에서 규정하고 있는데 이에 대하여는 장을 달리하여 이 책의 뒷부분에서 보다 자세히 살펴보기로 한다.

03 강제근로의 금지

「근로기준법」 제7조는 강제근로의 금지 원칙을 규정하고 있는데, 이에 의하면 사용자가 폭행 · 협박 · 감금, 그 밖에 정신상 또는 신체상의 자유를 부당하게 구속하는 수단으로써 근로자의 자유의사에 어긋나는 근로를 강요하는 것을 금지하고 있다. 근로자의 자유의사에 반하는 근로라 함은, 구타 · 폭력 등 물리적 위협은 물론 정신적 강요에 의한 강제근로를 모두 포함한다. 강제근로는 근로자의 자유의사에 반하는 근로의 강제인 만큼, 근로자의 동의에 의한 근로라면 근로자의 신체적 자유가 일부 제한되는 듯한 외관을 가져오는 형태의 근로라 할지라도 강제근로에 해당하지 아니한다.

강제근로의 원칙에 근거한 규정으로서 「근로기준법」 제20조는 위약예정의 금지 규정을 두고 있는데, 이에 의하면 사용자가 근로계약 불이행에 대한 근로자의 위약금 또는 손해배상액을 예정하는 계약을 체결하는 것을 금지한다. 제20조의 위약예정 금지 규정부터 살펴보면, 이 규정은 근로자가 근로계약 위반 시 손해배상 청구 그 자체를 금지하는 것이 아니라 계약기간 중임에도 불구하고 계약을 위반하여 퇴직하는 경우 등에 대비하여 이에 대한 위약금 내지 손해배상액을 예정하는 행위를 금지하는 것이다. 일반 민사법상에서 계약을 체결함에 있어 당사자 간의 편의상 널리 활용되는 위약금 내지는 손해배상액 예정제도를 근로계약관계에 있어서만큼은 이러한 약정이 심리적으로 근로를 강제하는 수단으로 악용될 것을 우려하여 입법된 규정이다.

이와 관련하여 문제되는 경우의 하나는 근로자의 해외연구 · 교육 등을 회사가 비용을 부담해서 근로자의 해외연수를 지원해 준 다음 근로자로 하여금 의무재직기간을 설정하여 그 기간 동안 약정대로 재직하지 않는 경우에 회사가 지원해 준 비용의 전부 또는 일부를 상환하도록 약정한 경우이다. 이 경우 과연 이러한 약정은 「근로기준법」 제20조의 위약금 내지 손해배상액 예정에 해당하는지 여부가 문제된다. 만약 「근로기준법」 제20조 소정의 약정에 해당한다면 이러한 약정은 그 자체로서 무효가 된다. 따라서 이러한 약정을 한 근로자로서는 약정에 기한 금원을 반환할 의무는 없지만 향후 회사의 입장에서는 소속 근로자를 위한 해외연수 지원제도는 사라질 우려가 클 것이다. 우리 판례[1]를 살펴보면, 근로자가 회사로부터 해외연수에 필요한 지원을 받고 귀국 후 최소한 3년간은 회사에 근무하여야 하고 이를 위반할 때에는 지급받은 일체의 경비와 수당 등을 회사에 변상하겠다는 사규에 의거하여 근로자가 출국에 앞서 사규와 같은 취지의 서약서를 제출하기로 하였으나, 출국을 먼저 하면서 귀국 후 제출하기로 한 서약서를 제출하지 아니한 상태에서 귀국 후 3년이 경과하기 전에 다른 회사로 이직한 사안에서 판례는 근로자가 서약서를 제출하지 아니하였다는 사실만으로 사규의 적용을 배제하겠다는 특약을 한

1 대법원 1982. 6. 22. 선고 82다카90 판결.

것으로 볼 수는 없다고 판단하면서도, 위와 같이 해외 파견된 근로자가 귀국일로부터 3년간 회사에 근무하여야 한다는 사규나 약정은 「민법」 제103조 소정의 반사회질서 행위 또는 동법 제104조 소정의 불공정한 법률행위에 해당한다고 볼 수 없고, 해외파견에 소요된 경비를 배상한다는 규정은 피용자가 해외에서 연수하는 데 필요한 경비를 사용자가 대여하고 근로자가 귀국 후에 3년 이상 근무하는 경우에는 그 상환의무를 면제해 주되 3년 이내에 퇴사하면 면제하지 않겠다는 취지의 약정으로 보아야 하므로 위 약정 3년의 근무기간은 근로를 강제하는 의무근로계약기간이 아니므로 이를 위반할 경우 위약금 내지 손해배상액의 예정을 한 것이 아니라, 경비반환채무의무의 면제기간을 정한 것으로 봄이 상당하므로 이러한 사규나 약정이 「근로기준법」 위반이 아니라고 한다.

다만, 해외연수비용을 지원하고 약정기간을 재직하지 아니하는 경우 지원비용 일체를 상환하기로 한 약정을 하였다 하더라도 근로자가 사용자에게 영업비밀을 침해하지 않고 약정한 10년 동안 근무하겠다는 등을 약속하면서 만약 이를 이행하지 않을 때에는 10억 원을 지불하기로 하는 내용의 약정을 한 사안에서는, 그 약정의 취지가 약정한 근무기간 이전에 퇴직하면 그로 인하여 사용자에게 어떤 손해가 어느 정도 발생하였는지 묻지 않고 바로 소정 금액을 사용자에게 지급하기로 하는 것으로서 이는 명백히 「근로기준법」 제20조 소정의 위약금 내지는 손해배상액의 예정에 해당하므로 그 효력을 인정할 수 없다고 판단한 사례[2]가 있다. 판례의 입장을 정리해 보면, 해외연수 지원비용 상환의무 면제기간의 약정으로 인정되려면 근로자의 입장에서도 이러한 약정을 해야 할 필요성이 인정되고, 주로 사용자의 업무상 필요와 이익을 위하여 원래 사용자가 부담하여야 할 성질의 비용을 지출한 것에 불과한 정도가 아니라 근로자의 자발적 희망과 이익까지 고려하여 근로자가 전적으로 또는 공동으로 부담하여야 할 비용을 사용자가 대신 지출한 것으로 평가되며, 약정 근무기간 및 상환해야 할 비용이 합리적이고 타당한 범위 내에서 정해져 있는 등 위와 같은 약정으로 인하여 근로자의 의사에 반하는 계속 근로를 부당하게 강제하는 것으로 평가되지 않아야 한다는 것이 「근로기준법」 제20조 위반 여부를 판단하는 주요한 기준이 된다.

해외연수 지원비용 상환의무 면제기간의 약정과 관련하여 유의할 점은, 문제가 된 사규 내지는 약정이 「근로기준법」 제20조 소정의 위약금 내지는 손해배상액의 예정이 아니라 해외연수 지원비용 상환의무 면제기간에 해당한다고 하더라도 해외교육 · 훈련 파견자가 반환하여야 할 '파견에 소요된 경비일체'에는 회사의 보수 규정에 의하여 지급되는 기준임금은 포함되지 아니한다는 점이다. 즉, 근로자가 해외교육 · 훈련 파견에 앞서 회사와의 사이에 해외교육훈련을 종료한 후 상환의무 면제기간이 경과하기 전에 사직하였을 경우 변상하기로 약정한 '파견에 직접 소요된 경비'에는 기준임금은 포함되지 않는다고 해석함이 상당하고, 가사 당사자가 기준임금까지 포함하여 '파견에 직접 소요된 경비'로서 변

2 대법원 2008. 10. 23. 선고 2006다37274 판결.

상하기로 약정하였다고 하더라도, 회사의 보수 규정에 의하면 기준임금은 회사 측의 필요에 의한 6개월 이상의 해외교육 · 훈련 파견자에 대하여 당연히 지급하도록 규정되어 있어 그와 같은 반환약정은 보수 규정에 반하는 것으로서 효력이 없다는 판례[3]가 있다.

04 / 폭행의 금지

「근로기준법」은 제8조에서 폭행의 금지 규정을 두어 사용자는 사고의 발생이나 그 밖의 어떠한 이유로도 근로자에게 폭행을 하지 못한다고 규정하고 있다. 이는 근로를 제공함에 있어 근로자는 폭행 등이 배제된 상태에서 인격적인 대우를 받으면서 근로를 하게 하여야 한다는 원칙이다. 우리 판례를 살펴보면, 근로자 상호간의 폭행에서도 폭행과 관련한 사용자의 배상책임을 인정한 사례들이 있다. 시내버스 회사의 간부가 승객에 대한 사고처리와 관련하여 운전기사와 다투다가 폭행을 한 사안에서 폭행에 관하여 「민법」 제756조 소정의 사용자 책임을 인정하였고,[4] 근로자

3 대법원 1996. 12. 6. 선고 95다13104 판결.

들의 친선을 위해 회사의 현장소장이 주관한 배구시합에서 패한 팀의 대표인 근로자가 심판을 보았던 근로자를 구타하여 상해를 입게 한 사안에서 경기의 진행을 회사의 노무대리가 담당하였다는 점에 근거하여 경기의 진행을 담당한 회사 측에서는 경기와 관련된 분규의 재발을 방치한 점에 과실이 있으므로 이는 회사의 사무집행과 관련한 것이라는 점 및 근로자들의 친선을 위하여 회사가 공식적으로 개최하였던 경기 중의 분규와 관련하여 경기종료 직후 가해근로자가 피해근로자를 폭행하였으므로 가해근로자의 폭행은 회사의 사무집행 그 자체는 아니지만 이와 밀접하게 관련된 행위라고 보아 회사의 사용자 책임을 인정하였다.[5]

05/ 중간착취의 배제

「근로기준법」은 제9조에서 중간착취의 배제 규정을 두어 법률에 의하지 아니하는 한, 영리로 다른 사람의 취업에 개입하거나 중간인으로서

4 대법원 1992. 3. 31. 선고 90다8763 판결.

5 대법원 1989. 2. 28. 선고 88다카8682 판결.

이익을 취득하는 것을 금지하고 있다. 예컨대 회사의 노동조합 간부로 상당기간 근무하였기 때문에 회사의 취업자 선정에 관하여 사실상 영향력을 미칠 수 있는 지위에 있는 근로자가 구직자들로부터 회사에 취업할 수 있도록 알선해 달라는 부탁을 받고 이를 승낙하면서 그 대가로 금원을 교부받는 행위는 「근로기준법」 제9조 소정의 중간착취의 배제 규정에 위반하며, 「근로기준법」 제9조에서 금지하는 행위로서 영리로 타인의 취업에 개입하는 행위에 반드시 구체적인 소개 또는 알선행위를 요하는지 여부에 대하여 판례[6]는 이를 요하지 아니한다고 본다. 영리로 타인의 취업에 개입하는 행위, 즉 제3자가 영리로 타인의 취업을 소개 또는 알선하는 등 근로관계의 성립 또는 갱신에 영향을 주는 행위는 취업을 원하는 사람에게 취업을 알선해 주기로 하면서 그 대가로 금품을 수령하는 행위만으로 이미 성립하고, 반드시 근로관계 성립 또는 갱신에 직접적인 영향을 미칠 정도로 구체적인 소개 또는 알선 행위에까지 나아가야만 하는 것은 아니라는 것이다.

「근로기준법」에서 금지하는 행위는 영리로 타인의 취업에 개입하는 것이므로 영리성이 인정되지 아니하면 「근로기준법」 소정의 중간착취의 배제 규정 위반은 아니다. 영리성이 있었는지 여부는 금원을 지급받은 사람의 사회적 지위, 취업을 부탁하면서 금원을 주고받은 사람들의 인적 관계, 타인의 취업에 개입한 행위의 동기 및 경위와 수단이나 방법, 행위

6 대법원 2008. 9. 25. 선고 2006도7660 판결.

의 내용과 태양, 행위 상대방의 성격과 범위, 행위 당시의 사회 상황, 관련 규정의 취지 등 여러 사정을 종합하여 사회통념에 비추어 합리적으로 판단하게 된다. 친형의 아들(조카)을 자신의 회사에 취업시켜 주고 형으로부터 금원을 교부받은 사안에서 형이 아버지의 역할을 하여 오면서 돈을 받은 자가 결혼을 할 때에도 형으로부터 금적적인 도움을 받았으며, 형으로부터 조카의 입사추천을 받아 이를 처리하는 과정에서 형으로부터 취업의 대가로 돈을 지급받기로 약속하거나 이를 요구한 사실이 없고, 가까운 친인척 간에 취업에 관한 도움을 부탁하는 것은 우리 사회에서 통상 있는 일인데 그에 대하여 대가를 바라거나 경제적 이익을 얻고자 의도하였다는 것은 오히려 이례적인 점 등을 종합하여 영리성을 인정하지 아니한 판례[7]가 있다.

유의할 점은, 근로자 파견사업은 「근로기준법」의 중간착취 배제 규정 원칙에 근거하여 금지되는 근로자 공급사업 대상에서 제외된다[8]는 점이다. 원래 근로자 파견은 근로자 공급사업의 한 형태로서 사실상 또는 고용계약에 의하여 자신의 지배하에 있는 근로자를 타인의 지휘 아래 사용하게 하는 사업이므로 이를 자유로이 허용하면 타인의 취업에 개입하여 영리를 취하거나 임금, 기타 근로자의 이익을 중간에서 착취하는 폐단이 생길 염려가 있다. 따라서 이러한 고려하에, 근로자 공급사업은 「직업안

7 대법원 2007. 8. 23. 선고 2007도3192 판결.

8 대법원 2008. 9. 18. 선고 2007두22320 판결.

정법」에 의하여 고용노동부 장관의 허가를 받은 자에 한하여서만 이를 허용하고 있다. 「직업안정법」에서는 근로자 공급사업 중에서도 국내 근로자 공급사업의 경우 그 허가 대상을 노동조합으로 한정하고 있으므로 이들 허가받은 노동조합 외의 자가 근로자를 파견하는 것은 원칙적으로 허용되지 아니하였으나, 1998년 2월 9일 '경제위기 극복을 위한 사회협약'(이른바 노사정합의)에서 노동시장의 유연성을 제고하는 한 방법으로 제한된 범위 안에서 근로자 파견제도를 도입하기로 합의가 이루어졌고, 이를 계기로 「파견근로자보호 등에 관한 법률」이 제정되면서 근로자 파견사업은 근로자 공급사업의 범위에서 제외되었으므로 「근로기준법」 소정의 중간착취 배제 규정에도 해당하지 아니한다.

06/ 공민권 행사의 보장

「근로기준법」은 제10조에서 공민권 행사의 보장 규정을 두고 있는데 이에 의하면, 사용자는 근로자가 근로시간 중에 선거권, 그 밖의 공민권 행사 또는 공公의 직무를 집행하기 위하여 필요한 시간을 청구할 경우 이를 거부하는 것이 금지된다. 따라서 사용자는 각종 선거일 등이 근로시간에 해당한다고 하더라도 근로자로 하여금 공민권 행사를 위해서 필요한 시간은 반드시 허용하여 줄 의무가 있다. 이때 공민권 행사를 위하여 필요한 시간의 정도는 객관적이고도 합리적인 기준에서 판단하여야 할 것이다. 다만, 사용자는 근로자가 그 권리 행사나 공공의 직무를 수행하는 데에 지장이 없으면 청구한 시간을 변경할 수 있다.

Chapter 04

채용내정과 시용근로

직장생활 상식법률

「근로기준법」을 중심으로

「근로기준법」의 적용은 근로계약이 체결된 근로자를 그 대상으로 하는 것인 만큼, 「근로기준법」을 적용하려면 근로계약의 체결 즉 계약의 성립이 반드시 필요하다. 경우에 따라서는 근로계약의 성립 여부가 논란이 될 수 있는 경우가 있는데, 대표적인 경우로서 채용내정과 시용근로를 들 수 있다.

01 채용내정

먼저 채용내정을 살펴보면, 채용내정은 일반적으로 채용을 통지받고 실제로 근무를 개시하기 전까지 상당한 시간적 간격이 있는 경우에 이러한 위치에 있는 자를 통상 채용내정자라고 하는데, 가장 대표적인 예는 대학 졸업예정자들이 기업으로부터 합격통지를 받고 이후 졸업하여 정식사원으로 근무하기까지의 기간이 이에 해당한다. 일반적으로 졸업예정자들에 대한 채용공고를 살펴보면, 이듬해 2월까지 학사학위 취득예정자를 대상으로 채용공고가 이루어지므로 대부분의 졸업예정자들은 마지막 혹은 그 직전 학기에 응시하여 학기 중에 최종 합격통지를 받고 이후 몇 달간 학업을 계속하여 졸업을 하고 나서 곧바로 근무를 개시하게 된다.

이러한 채용내정의 법적 성격과 관련하여 근로계약의 성립 여부에 대하여는 학설[1]이 나뉘는데, 먼저 ① 합격통지 시점에 근로계약의 예약이 성립하였다고 보는 견해(예약설) ② 채용내정은 근로계약 체결의 과정이라고 보는 견해(근로계약 체결과정설) ③ 합격통지를 받는 시점에서 이미 근로계약은 성립하였다고 보는 견해(근로계약 성립설)의 세 가지 학설로 크게 나뉜다. 예약설과 근로계약 체결과정설의 두 견해는 채용내정자의 법적 지위가 상대적으로 불안한 반면, 세 번째 학설인 근로계약 성립설은 보다 채용자의 지위를 안정적으로 하여 준다는 점에서 현재의 통설이자 판례의 입장이다.

근로계약 성립설의 장점은 예약설 내지 근로계약 체결과정설의 경우 합격통지 후에도 이를 취소하고 최종적으로 근로계약을 체결하지 아니할 수 있는 여지가 상당히 있으므로 사용자의 입장에서는 다양한 인력군을 폭넓게 선택할 수 있는 장점이 있는 반면, 근로자의 입장에서는 합격통지를 받았다 하더라도 이를 신뢰하지 못하고 계속 구직활동을 하여야 하는 등 그 지위가 불안함으로 말미암아 취업시장의 혼란의 소지가 상당할 뿐만 아니라 궁극적으로 취업을 희망하는 구직자들의 보호에 부적합하므로 세 가지 학설 중에서 가장 타당한 해석론이다. 다만 근로계약 성립설을 취할 경우 계약은 성립되었다고 해석하더라도 사실상 근로계약 성립에 따른 실제 근무나 임금지급 등이 전혀 이루어지지 아니

1 김선수, 「채용내정자의 법적지위」, 『노동법연구』 제8권, 서울대학교노동법연구회, 1999, 202-207쪽.

하므로 계약의 효력발생 문제를 놓고 또다시 다음과 같이 견해가 나뉘게 된다.

❶ 해제조건부 근로계약 성립설

졸업을 제때에 하지 못하는 것을 해제조건으로 하여 근로계약은 합격통지 시점에 성립한다는 학설로서, 합격통지 시점에 근로계약은 성립하지만 채용내정자가 예정대로 졸업을 하지 못하는 사태가 발생할 경우 이는 해제조건이 성취된 것이어서 합격통지 당시 성립한 근로계약은 그 효력을 상실한다는 학설이다.

❷ 정지조건부 근로계약 성립설

졸업을 제때에 하는 것을 정지조건으로 하여 근로계약은 합격통지 시점에 성립한다는 학설로서, 채용내정자는 합격통지를 받은 시점에 근로계약은 성립하지만 효력은 아직 발생하지 아니하다가 채용내정자가 예정대로 졸업을 무사히 하게 되는 경우 이는 정지조건이 성취된 것이어서 이때부터 근로계약은 그 효력을 발생한다는 학설이다.

❸ 해약권유보부 근로계약 성립설

합격통지 시점에 근로계약이 성립하고 그 효력도 발생하지만 채용내정자가 예정대로 졸업을 하지 못하는 사태가 발생할 경우 이는 사용자로 하여금 근로계약을 해제할 수 있는 해약권의 발생사유가 된다는 학설이다.

근로계약 성립설 중에서도 정지조건부 근로계약 성립설과 해제조건부 근로계약 성립설은 각기 채용내정자의 졸업성취 여부를 조건으로 하여 계약의 효력발생이 좌우되므로 사용자의 입장에서는 별도의 의사표시를 하지 않더라도 채용내정자의 졸업성취 여하에 따라 계약의 효력이 좌우된다. 반면 해약권유보부 근로계약 성립설은 채용내정자가 졸업을 성취하지 못하더라도 그것만으로 곧바로 근로계약의 효력을 상실하는 것이 아니라, 이러한 사실을 알게 된 사용자가 이를 이유로 근로계약을 해제함으로써 비로소 근로계약은 효력을 상실하게 된다. 따라서 채용내정자의 근로계약상의 지위보호라는 측면에서는 세 가지 학설 중에서도 해약권유보부 근로계약 성립설이 가장 근로자의 보호에 적합하다고 할 수 있다. 채용내정자의 합격통지를 취소할 경우 근로계약 성립설의 입장에 서는 한 채용내정자는 이미 근로자의 지위를 취득하였으므로 근로계약이 계속 중인 근로자에 대한 합격통지의 취소는 해고에 해당하게 된다. 우리 판례[2]도 해약권유보부 근로계약 성립설의 입장을 취하면서 졸업 후 입사예정일로부터 회사 근무를 조건으로 하여 산학장학생을 모집한 회사가 그 최종합격 통지를 하고 입사 관계 서류를 교부받은 상태에서 일방적으로 채용내정을 취소한 경우, 회사는 채용내정자와의 사이에서 채용내정자가 졸업예정일까지 졸업하지 못할 것 등을 해약사유로 유보하고 취업 시점을 입사예정일로 하는 내용의 근로계약이 성립되었다고 할 것이어서 채용내정 취소통지는 실질적으로 해고에 해당하므로 정당한

2 서울지법 남부지원 1999. 4. 30. 선고 98가합20043 판결(이 판결은 항소심 조정 성립).

이유가 없는 한 채용내정 취소통지는 무효라고 판단하였다.

02 시용근로관계

시용기간은 정식채용을 전제로 하여 직업능력과 기업에의 적응성을 판단하기 위한 기간으로서 시용근로관계는 정식채용 후 수습기간을 두는 경우와는 구별되는 개념이다. 따라서 시용근로관계는 본채용 여부를 결정하기 위한 것인 만큼 「근로기준법」상의 엄격한 해고 규정은 적용되지 아니한다. 일반적으로 시용기간 중 사용자가 사용관계를 해지하거나 시용기간 종료 시점에서 정식계약의 체결을 거부할 만한 객관적이고 합리적인 이유가 존재하는 한 시용근로관계를 종료할 수 있다.

시용근로관계의 법적 성격에 대하여는 학설이 나뉘는데, ① 시용근로관계가 성립함으로써 일단 근로계약은 성립하지만 근로자로서 적격하다는 평가를 정지조건으로 하여 근로자는 정규사원으로 채용된다는 견해인 정지조건부 근로계약 성립설, ② 시용근로관계가 성립함으로써 일단 근로계약은 성립하고 효력도 발생하지만 근로자로서 부적격하다는 평가를 해제조건으로 하여 더 이상 본격적인 근로관계는 성립하지 아니하고 해지된다는 견해인 해제조건부 근로계약 성립설, ③ 시용근로관계가 성립함으로써 일단 근로계약은 성립하고 효력도 발생하지만 근로자로서 부적격하다는 평가를 이유로 사용자는 근로계약을 해지할 수 있는 권리를 유보한다는 견해인 해지권유보부 근로계약 성립설 등이 있다. 현재의 다수설과 판례도 해지권유보부 근로계약 성립설의 입장을 취하고 있다.

판례[3]에 의하면, 시용기간 중에 있는 근로자를 해고하거나 시용기간 만료 시 본계약의 체결을 거부하는 것은 사용자에게 유보된 해약권의 행사로서, 당해 근로자의 업무능력, 자질, 인품, 성실성 등 업무적격성을 관찰 · 판단하려는 시용제도의 취지 · 목적에 비추어 볼 때 보통의 해고보다는 사유가 넓게 인정되나 이 경우에도 객관적으로 합리적인 이유가 존재하여 사회통념상 상당하다고 인정되어야 한다. 따라서 해고와 같이 엄격한 기준을 적용하지 아니하더라도 객관적이고도 합리적인 이유를 결하였다고 인정되는 경우에는 본계약 체결 거부의 합리적 이유가 인정되지 않는다. 일부 지점장이 은행의 근무성적 평정요령에 어긋나게 혼자서 근무성적 평정표를 재작성하기도 한 점, 평정 대상자마다 평정자가 상이한 점, 시용조건부 근로계약 해지의 성격상 당해 근로자의 업무적격성 등을 절대적으로 평가하여야 함에도 상당수의 평정자가 다른 직원들

3 대법원 2005. 7. 15. 선고 2003다50580 판결.

과의 비교를 통하여 상대적으로 평가한 점, 근무성적 평정표 및 평정의견서만으로 근로자들의 업무수행능력이 어느 정도로 어떻게 부족하였는지, 또 그로 인하여 업무수행에 어떠한 차질이 있었는지를 알 수 없는 점 등을 이유로 합리적 이유가 없다고 판단한 사례[4]가 있다.

시용기간이 만료된 이후에도 사용자가 부적격사유를 제시하거나 해지권을 행사하지 아니한 채 시용기간을 도과하여 계속 근무시킨 경우에는 특별한 사정이 없는 한 정식 근로자로서 채용되었다고 보아야 하며,[5] 시용기간은 통상 3개월 정도의 단기간이 합리적이며, 지나치게 장기간의 부당한 시용기간은 무효라고 해석되어야 한다.

4 대법원 2006. 2. 24. 선고 2002다62432 판결.

5 대법원 2005. 7. 15. 선고 2003다50580 판결.

Chapter 05

취업규칙

직장생활 상식법률

「근로기준법」을 중심으로

01 취업규칙의 개념과 법적 성격

취업규칙이란 사용자가 복무규정 등 모든 근로자들의 공통적인 근로계약 내용이 되는 사항으로서 직장 내에 적용되는 규칙들을 정하여 둔 것이다. 그 법적 성격에 대하여는 크게 법규범으로 파악하는 법규범설과 근로계약과 마찬가지로 근로자와 사용자 간의 계약으로 파악하는 계약설로 나뉜다.[1]

법규범설은 또다시 그 근거에 있어 크게 세 가지의 학설로 분류할 수 있는데, ① 사용자의 소유권 내지 경영권에 근거하여 직장 내에서 법규범적 효력을 가진 취업규칙을 만들 수 있다고 보는 소유권설 또는 경영권설, ② 취업규칙은 사용자에 의하여 만들어지지만 이것이 계속 반복 적용되면서 직장 내에서 일종의 관습법으로서의 법규범적 효력을 가지게 된다고 보는 관습법설, ③ 상위 규범인 「근로기준법」에서 취업규칙에 정한 기준에 미달하는 근로조건을 정한 근로계약은 무효로 하고, 무효로 된 부분은 취업규칙에 정한 기준에 의한다는 규정이 있음으로써 이 규정에서 취업규칙에 대한 법규범력을 부여하였다고 보는 수권설 또는 법규

1 이상윤, 『노동법』, 법문사, 2011, 349–350쪽; 김유성, 『노동법 1』, 법문사, 2005, 200쪽; 김형배, 『노동법』, 박영사, 2015, 296–298쪽; 임종률, 『노동법』, 박영사, 2016, 354–355쪽; 하갑래, 『근로기준법』, 중앙경제㈜, 2013, 210–212쪽.

설 등이 있다.

계약설의 경우 그 분류에는 ① 취업규칙은 근로자와 사용자 간의 계약으로서 근로계약과 마찬가지로 양 당사자 간 의사의 합치에 의하여 그 효력을 발생한다고 보는 순수한 계약설, ② 취업규칙은 사용자가 정한 근로조건의 사실상 기준에 불과하지만 이에 대하여 근로자가 동의함으로써 즉 당사자의 합의에서 취업규칙의 법적 구속력이 근거한다고 보는 사실규범설, ③ 근로조건의 결정이 사용자와 근로자 사이의 특별한 약정이나 단체협약에 의하지 아니하는 한 취업규칙에 의한다고 하는 것은 노사관계 현실에 있어 사실인 관습이라고 보는 사실관습설 등이 있다.

계약설은 근로자의 의사를 중시한다는 점에서 근로자를 보호하려는 취지에 보다 부합하는 장점이 있는 반면, 취업규칙에 대하여 근로자가 동의하지 아니하면 그 규범적 효력을 부여할 수 없다는 것은 근로 현실과는 맞지 않는 단점이 있다. 계약설 중에서도 순수 계약설은 근로자가 취업규칙의 내용을 현실적으로 알지 못하였거나 반대한 경우까지도 합의를 의제할 수 없다는 근본적인 한계를 가지고 있고, 사실규범설은 사실이 합의에 의하여 규범력이 부여된다는 논리적 모순을 극복하기가 쉽지는 않은 것 같다. 현재까지의 다수설이자 판례의 입장은 수권설 내지 법규설이다.

02 취업규칙의 작성과 변경

우리 「근로기준법」은 상시 10명 이상의 근로자를 사용하는 사용자는 취업규칙을 작성하고 이를 고용노동부 장관에게 신고할 것을 의무화하고 있다. 취업규칙을 작성함에 있어 반드시 기재하여야 할 사항은 다음과 같다.

① 업무의 시작과 종료 시각, 휴게시간, 휴일, 휴가 및 교대 근로에 관한 사항
② 임금의 결정 · 계산 · 지급 방법, 임금의 산정기간 · 지급시기 및 승급昇給에 관한 사항
③ 가족수당의 계산 · 지급 방법에 관한 사항
④ 퇴직에 관한 사항
⑤ 「근로자퇴직급여 보장법」 제4조에 따라 설정된 퇴직급여, 상여 및 최저임금에 관한 사항
⑥ 근로자의 식비, 작업 용품 등의 부담에 관한 사항
⑦ 근로자를 위한 교육시설에 관한 사항
⑧ 출산전후휴가 · 육아휴직 등 근로자의 모성보호 및 일 · 가정 양립 지원에 관한 사항
⑨ 안전과 보건에 관한 사항
⑩ 근로자의 성별 · 연령 또는 신체적 조건 등의 특성에 따른 사업장

환경의 개선에 관한 사항

⑪ 업무상과 업무 외의 재해부조災害扶助에 관한 사항

⑫ 표창과 제재에 관한 사항

⑬ 그 밖에 해당 사업 또는 사업장의 근로자 전체에 적용될 사항

사용자는 취업규칙의 작성 또는 변경에 있어 해당 사업 또는 사업장에 근로자의 과반수로 조직된 노동조합(이하 '과반수 노동조합'이라 함)이 있는 경우에는 그 노동조합, 과반수 노동조합이 없는 경우에는 근로자의 과반수의 의견을 들어야 한다. 사용자는 취업규칙을 작성하여 신고할 때에 청취를 한 의견을 기입한 서면을 첨부하여야 한다. 이를 의견청취의무라고 하는데, 유의할 점은 의견을 청취하여야 한다는 것이 동의를 얻어야 하는 것은 아니다. 따라서 취업규칙의 작성 · 변경에 있어서의 의견청취의무 규정만을 놓고 보면 계약설보다는 법규범설의 입장이 논리적으로 보다 타당하다고 할 수 있다.

03 취업규칙의 불이익 변경

취업규칙을 작성 · 변경함에 있어서는 의견청취가 요건이지만, 기존의 취업규칙을 근로자에게 불리하게 변경하게 하는 경우에는 과반수 노동조합 내지는 근로자 과반수의 동의를 요건으로 하고 있다. 따라서 취업규칙을 불리하게 변경하고자 할 때 사용자가 과반수 노동조합 내지는 근로자 과반수의 동의를 얻지 못하면 이러한 불이익 변경은 무효가 된다. 이처럼 취업규칙의 불이익 변경이 무효가 된 경우 불이익 변경 이전부터 근무하여 오다가 불이익 변경을 동의하지 아니한 근로자들에 대하여는 취업규칙의 불이익 변경이 무효인 것은 당연하지만, 과연 불이익하게 변경된 새로운 취업규칙을 승인하고도 새로이 취업하는 근로자에게까지 무효라고 할 것인가에 대하여는 견해가 나뉠 수 있다. 기존의 근로자이건 신규 입사자이건 불문하고 동의를 얻지 못한 취업규칙의 불이익 변경은 무효라고 보는 견해는 절대적 무효설의 입장이고, 신규 입사자에는 불이익 변경을 무효라고 할 수 없으므로 기존의 근로자에 한하여 불이익 변경은 무효라고 보는 입장은 상대적 무효설을 취하는 입장이다. 우리 판례는 과거에는 절대적 무효설을 취하였지만, 현재는 판례를 변경하여 상대적 무효설을 취하고 있다. 판례[2]에 의하면, 사용자가 취업규칙에서

2 대법원 1992. 12. 22. 선고 91다45165 판결.

정한 근로조건을 근로자에게 불리하게 변경함에 있어서 근로자의 동의를 얻지 않은 경우에 그 변경으로 기득이익이 침해되는 기존의 근로자에 대한 관계에서는 변경의 효력이 미치지 않게 되어 종전 취업규칙의 효력이 그대로 유지되지만, 변경 후에 변경된 취업규칙에 따른 근로조건을 수용하고 근로관계를 갖게 된 근로자에 대한 관계에서는 당연히 변경된 취업규칙이 적용되어야 하고, 기득이익의 침해라는 효력배제사유가 없는 변경 후의 취업근로자에 대해서까지 변경의 효력을 부인하여 종전 취업규칙이 적용되어야 한다고 볼 근거가 없다고 한다.

취업규칙의 불이익 변경에 있어 근로자 측의 동의를 요한다는 점에서는 법규범설보다는 계약설이 논리적으로 더 설득력을 가지는 것으로 보인다. 다만, 이 점에 대하여 법규범설의 입장에서는 취업규칙은 법규범적 성격을 가지는 것이므로 사용자가 일방적으로 작성 내지 변경하는 것이 원칙이지만 기존 근로자들의 이익보호를 위해 「근로기준법」이 특별히 근로자 측의 동의를 요한다는 규정을 두었으므로 이에 근거하여 근로자의 동의를 요하게 되는 것이지 취업규칙 자체가 계약적 성격을 가지고 있다는 것은 아니라고 설명한다. 뿐만 아니라, 취업규칙의 불이익 변경이 동의를 얻지 못할 경우 그 변경이 무효가 되는 범위에 대하여 상대적 무효설을 취함으로써 마치 하나의 사업장에 두 개의 법규범적 효력을 가지는 취업규칙이 동시에 존재하는 논리적 모순에 대하여 앞서 본 91다45165 판결에서는 취업규칙 변경 후에 취업한 근로자에게 적용되는 취업규칙과 기존 근로자에게 적용되는 취업규칙이 병존하는 것처럼 보이지만, 현행의 법규적 효력을 가진 취업규칙은 변경된 취업규칙이고 다만 기존 근로자에 대한 관계에서 기득이익 침해로 그 효력이 미치지 않는 범위 내에서 종전 취업규칙이 적용될 뿐이므로, 하나의 사업 또는 사업장 내에 둘 이상의 취업규칙을 둔 것과 같이 볼 수는 없다고 한다.

04 / 불이익 변경 여부의 판단

취업규칙을 불이익 변경하려면 근로자 측의 동의를 얻어야 한다고 할 때, 실제 사례에서는 불이익 변경 여부가 불분명한 경우가 있을 수 있다. 예컨대 일부 근로자들에게는 불리한 변경이 되지만 나머지 다른 근로자들에게는 유리한 변경이 되는 경우, 혹은 변경의 내용 자체가 이익과 불이익이 혼재되어 있어 전체적으로 보아 불이익 변경 여부의 판단이 쉽지 않은 경우 등이 그러한 사례가 된다.

공사의 취업규칙 중 퇴직금 지급 규정을 변경함에 있어 퇴직금 규정의 변경이 장기근속 희망자에게는 불리한 결과를, 장기근속 미희망자에게는 유리한 결과를 초래하는 경우 이러한 규정의 변경이 전체 근로자의 입장에서 불이익 변경이 되는지 여부에 대하여, 원심은 사회통념상 합리성이라는 기준에 의거하여 이러한 퇴직금 규정의 변경은 불리한 변경이 아니라고 판단하였으나 대법원에서는 급여 규정의 변경이 일부의 근로자에게는 유리하고 일부의 근로자에게는 불리한 경우 그러한 변경에 근로자 집단의 동의를 요하는지를 판단하는 것은 근로자 전체에 대하여 획일적으로 결정되어야 할 것이고, 이러한 경우 취업규칙의 변경이 근로자에게 전체적으로 유리한지 불리한지를 객관적으로 평가하기가 어려우며 같은 개정에 의하여 근로자 상호간의 이불리利不利에 따른 이익이 충돌되는 경우에는 이러한 개정은 근로자에게 불이익한 것으로 취급하여야 한다고 판단[3]하였다. 이 사례 외에도 일반적으로 근로자 상호간에 이익과 불이익이 상반되는 경우에는 근로자 전체로 보아 불이익 변경으로서 전체 근로자의 동의를 요한다고 해석하는 것이 판례의 입장[4]으로 보인다.

취업규칙을 변경함에 있어 유리한 부분과 불리한 부분이 섞여 있는 것으로 보이는 경우는 전체적으로 객관적인 기준에 의거하여 불이익 변경 여부를 판단하여야 할 것이다. 회사의 보수 규정에서 새로운 수당을 지급하도록 규정함과 동시에 퇴직금 규정을 개정하여 새로 지급되는 그 수당을 퇴직금 산정의 기초임금에서 제외시킨 경우에는 퇴직금 규정의 개정을 전후하여 퇴직금의 액수에 변동이 있는 것이 아니어서 기존의 근로

3 대법원 1993. 5. 14. 선고 93다1893 판결.
4 대법원 1997. 8. 26. 선고 96다1726 판결.

자들의 기득의 권리나 이익을 박탈하는 것이 아니므로 위와 같은 개정은 근로자에게 불리한 개정이라고 할 수 없다고 본 판례[5]는 이러한 기준에 의거하여 판단한 경우에 해당한다.

05 / 불이익 변경에 대한 집단적 동의

취업규칙을 불리하게 변경하는 경우 근로자들의 동의를 요한다고 할 때에 그 동의의 방식은 유의할 점이 있다. 일반적으로 생각하는 개별 근로자들의 동의 방식이 아니라, 집단적 동의를 얻어야 한다는 점을 유의하여야 한다. 사용자가 취업규칙의 변경에 의하여 기존의 근로조건을 근로자에게 불리하게 변경하려면 종전 근로조건 또는 취업규칙의 적용을 받고 있던 근로자의 집단적 의사결정 방법에 의한 동의를 요하므로, 그 동의의 방법은 과반수 노조가 있으면 그 노조의 대표자가 노동조합 내부의 의사결정과정을 거쳐 노동조합의 이름으로 동의를 하면 되지만, 과반수 노조가 없는 경우에는 근로자들의 회의방식에 의한 과반수의 동의를

5 대법원 1997. 8. 26. 선고 96다1726 판결.

요한다고 한다. 이때의 회의방식에 의한 동의라 함은 사업 또는 사업장에서 사용자 측의 개입이나 간섭이 배제된 상태에서 근로자 간에 의견을 교환하여 찬반을 집약한 후 이를 전체적으로 취합하는 방식을 의미한다. 우리 판례[6]도 같은 입장으로서 취업규칙 변경에 있어서의 동의는 집단적 의사결정 방법에 의한 동의를 요하는 것이지만 반드시 하나의 사업 내지 사업장 전체의 일괄적인 회의방식만을 요하는 것은 아니고, 사용자의 개입이나 간섭이 배제된 상태에서 사업장의 기구별 또는 단위 부서별로 근로자 간에 의견을 교환하여 찬반을 집약한 후 이를 전체적으로 취합하는 방식도 허용된다는 입장이다.

이때 동의의 주체가 되는 근로자 집단의 범위에 대하여는 일반적으로 취업규칙의 변경이 일부의 근로자에게는 유리하고 일부의 근로자에게는 불리한 경우 그러한 변경의 불이익 여부에 대한 판단은 근로자 전체를 기준으로 판단하여야 하는 것인 만큼, 동의 또한 근로자 전체가 그 동의를 요하는 대상집단이 된다고 본다. 우리 판례[7]도 사업장 내 근로자의 조직이 4급 이하 직원으로 구성된 일반직 직원과 3급 이상 직원으로 구성된 관리직 직원으로 구성되어 있는 경우 일반직 직원의 정년을 55세에서 58세로, 관리직 직원의 정년을 60세에서 58세로 변경하는 내용으로 취업규칙의 정년 규정을 개정하고 노동조합의 동의를 얻은 사안에서, 정

6 대법원 2010. 1. 28. 선고 2009다32362 판결.

7 대법원 2009. 5. 28. 선고 2009두2238 판결.

년 규정의 개정이 개정 당시 시점 기준으로만 보면 관리직 직원에게는 불리하고 일반직 직원에게는 유리한 것으로 보이지만 일반직 직원이라 하더라도 향후 승진하여 관리직으로 전환할 가능성이 열려 있는 상황에서 이러한 불이익 변경은 전체 근로자를 대상으로 집단적 동의를 얻는 것이 타당하다고 보았다.

문제가 되는 것은 근로자들에게 불이익하게 개정된 취업규칙 내의 퇴직금 규정에 대하여 사후에 단체협약 체결과정에서 불리하게 개정된 퇴직금 규정을 소급해서 승인한 경우, 취업규칙의 불이익 개정 이후 단체협약 체결 이전에 퇴직한 근로자와 협약 체결 이후에 퇴직한 근로자 간의 불평등 문제가 생길 수 있다. 이 경우 과연 사후에 체결된 단체협약에 의거하여 변경 당시에는 동의를 얻지 못하였던 취업규칙의 불이익 변경이 사후에 소급하여 동의를 얻을 수 있느냐이다. 이 문제는 우선 단체협약의 효력과 관계되는 것인데, 단체협약이 체결되면 사업장 내의 근로조건은 단체협약의 규정에 따르게 되어 있고 신구 협약 간에서는 새로이 체결된 협약이 효력을 발생하게 된다. 따라서 새로운 단체협약이 체결되면 이 협약상의 규정들은 모두 효력을 발생하므로 새로운 협약에 의거하여 취업규칙의 불이익 변경을 소급적으로 동의한다는 협약상의 조항은 효력을 얻는다. 우리 판례[8]도 같은 입장으로서, 단체협약은 체결 이후 효력을 발생하는 것이므로 협약 체결 이후 퇴직하는 자는 새로운 협약 적

8 대법원 1997. 8. 22. 선고 96다6967 판결.

용을 받아야 한다는 입장에 서서, 기존 협약이 유효한 시점에 퇴직한 자가 기존 협약에 근거하여 근로자의 입장에서 보다 유리한 구舊 취업규칙 규정에 따른 퇴직금을 수령하였다 하더라도 새로운 단체협약 체결 이후 퇴직하는 자는 협약 규정에 따라 소급 동의를 얻은 변경된 신新 취업규칙 규정에 따라 감액된 금액의 퇴직금을 수령하여도 문제가 되지 않는다고 본다. 퇴직금을 후불임금으로 보지만 구체적 퇴직금 청구권 및 권리 내용은 퇴직 시점에 발생한다는 것이 판례의 입장인 만큼, 퇴직금에 관한 구체적 권리가 퇴직 시점에 발생한다는 전제에 서 있는 판례의 이론은 논리적 합리성이 인정된다. 다만 이러한 판례의 입장에 대하여는, 퇴직금은 후불임금으로서 근속기간이 진행됨에 따라 퇴직금 규정의 산정 기준에 의하여 퇴직금이 계속 적치되어 간다면 과연 노동조합이 근로자들에게 불이익하게 변경된 취업규칙에 대하여 소급효를 가지는 동의를 할 수 있느냐는 점에서 의문이 있을 수 있다. 즉, 퇴직금은 청구할 수 있는 구체적 권리행사 시점이 퇴직 시점에 도래한다는 것일 뿐 퇴직 시점에 근로자의 권리 내용이 확정되는 것이 아니라는 논거에서 비판하는 견해[9]도 수긍할 부분이 있다.

취업규칙의 불이익 변경에 있어서 근로자의 집단적 동의를 필요로 한다는 원칙에 대하여는 예외적으로 동의를 얻지 못한 경우에도 취업규칙

---

9 김재훈, 「단체협약에 의한 근로조건 불이익변경의 한계」, 『노동정책연구』 제9권 제2호, 한국노동연구원, 2009, 112쪽.

변경의 효력을 인정하는 사유인 '사회통념상 합리성'이라는 판단기준을 주목할 필요가 있다. 우리 판례에 의하면, 사용자가 일방적으로 새로운 취업규칙의 작성 · 변경을 통하여 근로자가 가지고 있는 기득의 권리나 이익을 박탈하여 불이익한 근로조건을 부과하는 것은 원칙적으로 허용되지 아니하지만, 당해 취업규칙의 작성 또는 변경이 그 필요성 및 내용의 양면에서 보아 그에 의하여 근로자가 입게 될 불이익의 정도를 고려하더라도 여전히 당해 조항의 법적 규범성을 시인할 수 있을 정도로 사회통념상 합리성이 있다고 인정되는 경우에는 종전 근로조건 또는 취업규칙의 적용을 받고 있던 근로자의 집단적 의사결정 방법에 의한 동의가 없다는 이유만으로 그의 적용을 부정할 수는 없다고 한다. 사회통념상 합리성의 유무는 취업규칙의 변경에 의하여 근로자가 입게 되는 불이익의 정도, 사용자 측의 변경 필요성의 내용과 정도, 변경 후의 취업규칙 내용의 상당성, 대상 조치 등을 포함한 다른 근로조건의 개선 상황, 노동조합 등과의 교섭 경위 및 노동조합이나 다른 근로자의 대응, 동종 사항에 관한 국내의 일반적인 상황 등을 종합적으로 고려하여 판단하여야 하며, 이와 같이 예외적으로 사회통념상 합리성이라는 판단기준으로 근로자의 집단적 동의 없이도 취업규칙을 근로자에게 불리하게 변경하는 경우에는 그 동의를 받도록 한 「근로기준법」을 사실상 배제하는 것이므로 이러한 예외적인 기준의 인정은 제한적으로 엄격하게 해석하여야 한다.[10] 동지의 판례로서 근로자의 집단적 동의가 없어도 취업규칙의 불이

10 대법원 2010. 1. 28. 선고 2009다32362 판결.

익 변경의 효력을 인정하는 사회통념상 합리성이라는 기준을 인정하면서도, 회사의 취업규칙상 변경된 '보직 부여 기준안' 및 '간부사원 급여체계 변경안'에 따라 1 · 2급 간부사원들이 종전에 3급 내지 5급 직원들이 담당하던 업무를 맡을 수도 있게 한 사안에서, 이는 실질적으로는 징계의 일종인 강등과 유사한 결과를 초래하여 그 적용을 받게 되는 근로자들의 불이익이 결코 작지 않은 점, 취업규칙 개정의 필요성과 정도가 긴박하거나 중대하였다고 인정할 만한 객관적인 자료도 부족하다고 보이는 점, 여러 근로자 집단이 하나의 근로조건 체계 내에 있어 비록 취업규칙의 불이익 변경 시점에는 일부 근로자 집단만이 직접적인 불이익을 받더라도 그 나머지 다른 근로자 집단에게도 장차 직급의 승급 등으로 변경된 취업규칙의 적용이 예상되는 경우에는 일부 근로자 집단은 물론 장래 변경된 취업규칙 규정의 적용이 예상되는 근로자 집단을 포함한 전체 근로자 집단이 동의 주체가 될 수 있는데도 회사 측에서 간부사원들 및 일부 3급 사원들을 대상으로 설명회를 개최하고 일부 사원들로부터만 동의를 받은 점 등을 고려할 때, 이러한 취업규칙의 불이익 변경은 근로자들의 집단적 동의를 얻지 않고도 그 효력을 인정할 만한 사회통념상 합리성이 있다고 보기 어렵다고 본 사례[11]가 있다.

11 대법원 2015. 8. 13. 선고 2012다43522 판결.

Chapter 06

임금보호법리

직장생활 상식법률

「근로기준법」을 중심으로

임금은 사용자가 근로자에게 근로의 대가로 지급하는 임금, 봉급, 기타 여하한 명칭으로든지 지급하는 일체의 금품을 의미한다. 이러한 근로의 대가의 의미를 보다 구체적으로 살펴보자면, 그 명칭의 여하를 불문하고, 또 그 금품의 지급이 단체협약, 취업규칙, 근로계약 등이나 사용자의 방침 등에 의하여 이루어진 것이라 하더라도 그 지급의무의 발생이 근로제공과 직접적으로 관련되거나 그것과 밀접하게 관련된 것으로 볼 수 있는 것이어야 한다.[1] 이러한 임금의 종류는 크게 평균임금과 통상임금으로 나뉘는데, 이에 대한 보다 구체적 내용은 항목을 나누어 살펴보고자 한다.

01 / 평균임금

「근로기준법」 제2조 제1항 6호에 의하면 "평균임금"이란 이를 산정하여야 할 사유가 발생한 날 이전 3개월 동안에 그 근로자에게 지급된 임금의 총액을 그 기간의 총일수로 나눈 금액을 말한다. 이러한 평균임금

1 대법원 1999. 5. 12. 선고 97다5015 판결.

이 산정기준이 되는 경우로는 「근로자퇴직급여 보장법」상 퇴직금 산정, 「근로기준법」상의 휴업수당 산정, 연차 유급휴가수당 산정, 각종 업무상 재해보상금 산정 등이 있다.

「근로기준법 시행령」(제2조)에 의하면 평균임금의 계산에서 제외되는 기간으로는 수습 사용 중인 기간, 사용자의 귀책사유로 휴업한 기간, 출산전후휴가기간, 업무상 재해로 인한 휴업기간, 육아휴직기간, 쟁의행위기간, 병역의무이행을 위한 휴직기간, 그 밖의 사유로 사용자의 승인을 받아 휴업한 기간 등이다.

평균임금은 근로자가 실제로 지급받은 임금총액을 총일수로 나눈 금액이므로 이때의 임금총액에는 근로의 대가로서 근로자가 지급받은 금품은 명칭을 불문하고 모두 포함한다. 기본급, 각종 수당 외에도 연차 유급휴가수당, 직책수당, 상여금 등이 모두 포함될 뿐만 아니라, 명칭은 격려금과 같이 근로의 대가로 지급받은 금품이 아닌 것처럼 보이는 금품이라도 실제에 있어 근로자가 근로의 대가로서 지급받았다면 이는 모두 임금총액에 포함된다. 따라서 경조사비, 재해위문금, 출장경비와 같이 실비변상적 금원 등은 모두 이에 포함되지 아니한다. 판례[2]에 의하면, 평균임금 산정의 기초가 되는 임금총액에는 사용자가 근로의 대상으로 근로자에게 지급하는 일체의 금품으로서, 근로자에게 계속적 · 정기적으로 지급

2 대법원 2005. 9. 9. 선고 2004다41217 판결.

되고 그 지급에 관하여 단체협약, 취업규칙 등에 의하여 사용자에게 지급의무가 지워져 있으면 그 명칭 여하를 불문하고 모두 포함되는 것이고, 비록 현물로 지급되었다 하더라도 근로의 대가로 지급하여 온 금품이라면 평균임금의 산정에 있어 포함되는 임금으로 본다.

02/ 통상임금

통상임금에 대하여는 「근로기준법」에서 직접적인 개념 규정을 두고 있지는 않지만, 동법 제2조 제2항에 의하면, 평균임금의 산출금액이 그 근로자의 통상임금보다 적으면 그 통상임금액을 평균임금으로 한다고 규정하고 있다. 「근로기준법 시행령」에 의하면, 통상임금이란 근로자에게 정기적이고 일률적으로 소정 근로 또는 총근로에 대하여 지급하기로 정한 시간급 금액, 일급 금액, 주급 금액, 월급 금액 또는 도급 금액을 의미한다. 통상임금이 산정기준이 되는 경우로는 「근로기준법」상 해고예고에 갈음하는 수당의 산정, 연장 · 야간 · 휴일근로에 대한 임금 가산지급, 연차 유급휴가수당의 산정 등이 있다.

통상임금은 이미 지급된 금액을 기준으로 산정하는 평균임금과는 달리, 실제 근무일수나 실제 수령한 임금에 구애받지 아니하고 정기적이고도 일률적으로 지급되는 일반적인 임금을 대상으로 한다. 따라서 연장·야간·휴일근로에 대한 수당과 같이 그때그때 근무실적에 따라 달라지는 금액은 정기적, 일률적 임금기준에는 적합하지 아니하므로 통상임금 산정에 포함되지 아니한다. 통상임금 역시 평균임금 산정과 마찬가지로 명칭에 따라 정하여지는 것이 아니라, 근로의 대가로서 지급되는 임금 중에서도 정기적이고 일률적으로 지급되는 성격의 금품은 모두 포함된다. 그러나 현실에 있어서는 수당 등의 명칭으로 지급되는 금품에 대하여 통상임금 산정기초로 할 것인지 여부가 빈번이 쟁점화되는 것이 현실이다.

통상임금은 정기적·일률적으로 소정 근로의 양 또는 질에 대하여 지급하기로 된 임금으로서, 실제 근무일이나 실제 수령한 임금에 구애됨이 없이 고정적이고 평균적으로 지급되는 일반임금으로 볼 수 있는데, 판례[3]에 의하면 정기성·일률성·고정성이 통상임금 개념의 핵심이며, 어떠한 임금이 통상임금에 속하는지를 노사 간 합의에 의하여 정함에 있어 「근로기준법」상 통상임금에 속하는 항목의 임금을 통상임금 산정에서 제외하기로 합의한 경우, 이러한 합의는 근로조건의 최저한을 정한 강행규정으로서의 「근로기준법」 위반이므로 무효이다. 항목별로 살펴보면,

---

3 대법원 2013. 12. 18. 선고 2012다89399 판결.

근속기간에 연동하는 임금은 일률성을 가지므로 통상임금에 해당하고, 특수한 기술, 경력 등을 조건으로 하는 임금 또한 고정성이 인정되어 통상임금에 해당한다. 반면, 근무일수에 연동하는 임금의 경우, 실제 근무일수에 따라 달라지므로 고정성을 가지지 아니하여 통상임금에 해당하지 아니하고, 특정 시점에 재직 중인 근로자에게만 지급하는 임금은 소정 근로에 대한 대가의 성질을 가진다고 보기도 힘들 뿐만 아니라 고정성도 결한 것으로 보아 통상임금에 해당하지 아니한다.[4] 근무실적에 연동하는 임금 역시 마찬가지로, 고정성이 부정되어 일반적으로 통상임금에 해당하지 아니하나, 이러한 경우에도 근무실적에 관하여 최하 등급을 받더라도 최소한의 일정액을 보장하여 지급하기로 한 경우라면 최소한 보장 액수 한도 내에서는 고정성이 인정되어 통상임금에 해당하는 경우가 있을 수 있다. 이 외에도 일률성의 기준은 '모든 근로자'에게 지급되는 것뿐만 아니라 '일정한 조건 또는 기준에 달한 모든 근로자'에게 일률적으로 지급되는 것도 포함되고, 여기서 말하는 '일정한 조건'이란 '고정적이고 평균적인 임금'을 산출하려는 통상임금의 개념에 비추어 볼 때 고정성의 조건을 의미한다.[5]

4 대법원 2013. 12. 18. 선고 2012다94643 판결.

5 대법원 2005. 9. 9. 선고 2004다41217 판결.

03 「근로기준법」상의 임금지급원칙

「근로기준법」 제43조 제1항 및 제2항에 의하면, 임금은 통화로 직접 근로자에게 그 전액을 지급하여야 하며, 임금은 매월 1회 이상 일정한 날짜를 정하여 지급하여야 한다.

1 직접지급

임금은 원칙적으로 사용자가 근로자에게 직접 지급하여야 한다. 직접 지급원칙과 관련하여 임금채권의 양도가 문제된다. 일반적으로 민사법상으로 채권양도는 널리 허용되지만, 임금채권의 양도를 허용할 경우 양수인이 임금지급채무자인 사용자로부터 일반적인 채권양도 법리에 의거하여 임금을 직접 지급받을 수 있느냐가 문제이다. 강행 규정으로서의 「근로기준법」 규정상 임금은 직접 근로자에게만 지급할 수 있으므로 임금채권의 양도 가능성이 문제될 수 있다. 판례[6]에 의하면, 「근로기준법」상의 임금직접지급원칙 규정이 있음에도 불구하고 어떤 법률에서도 임금채권의 양도 그 자체를 금지하는 명시적 규정이 없고, 위 「근로기준법」

---

6 대법원 1988. 12. 13. 선고 87다카2803 판결.

의 규정의 취지는 수혜자인 근로자의 자유로운 의사에 따른 임금채권의 양도까지 금지하는 것으로 해석할 수는 없으므로 임금채권의 양도는 허용된다고 본다. 다만, 「근로기준법」이 임금직접지급의 원칙을 규정하고 그에 위반하는 자는 처벌을 하도록 하는 규정을 두어 그 이행을 강제하고 있는 이유는 임금이 확실하게 근로자 본인의 수중에 들어가게 하여 그의 자유로운 처분에 맡기고 나아가 근로자의 생활을 보호하고자 하는 데 있는 것이므로, 이와 같은 「근로기준법」 규정의 취지에 비추어 보면 근로자가 그 임금채권을 양도한 경우라 할지라도 그 임금의 지급에 관하여는 여전히 직접지급의 원칙이 적용되어 사용자는 직접 근로자에게 임금을 지급하지 아니하면 안 되는 것이고, 그 결과 비록 양수인이라고 할지라도 스스로 사용자에 대하여 임금의 지급을 청구할 수는 없다.

2 전액지급

임금은 사용자가 근로자에게 전액을 지급하여야 한다. 그 예외로서 법령에 의해 공제가 인정되는 경우, 예컨대 갑종근로소득세, 국민저축금, 주민세, 국민연금기여금, 국민건강보험료 등의 공제는 허용된다. 이러한 전액지급의 원칙에 근거한 규정으로서 「근로기준법」 제21조는 전차금상계의 금지 규정을 두어, 사용자가 전차금 그 밖에 근로할 것을 조건으로 하는 전대채권과 근로자에게 지급하여야 할 임금을 상계하는 행위를 금지하고 있다. 이 규정은 사용자가 근로를 조건으로 선금을 주고 나서 근로자에 대하여 인신구속 상태를 가져오는 강제근로를 하게 하는 폐단을 막기 위한 규정인데, 특히 윤락업소 등 인권유린의 문제가 심각한 업종에서 큰 폐해를 가져올 수 있는 만큼 우리 「근로기준법」은 어떠한 경우에도 전차금 또는 근로조건의 전대채권과 임금의 상계를 금지하고 있다.

문제가 될 수 있는 것은 종업원에게 회사 측에서 주택구입자금 내지 전세자금을 대부하여 주고 일정 금액씩 봉급에서 이를 상계하는 방식으로 갚아 나가게 하는 경우 혹은 앞서[7] 본 바와 같이 해외연수 지원비용을 주고 해외연수 기회를 부여한 경우 이러한 회사 측의 대부행위는 모두 금지될 것인지 여부이다. 경우에 따라서는 근로자의 입장에서는 금융권에서 금전을 차용하는 것보다 회사 측에서 금전을 차용하는 것이 더 유리할 수 있다. 이는 결국 금전대부기간, 금액, 이자의 유무 및 고리여부 등을 종합적으로 판단할 필요가 있다. 우리 판례[8]는 종업원 대출이 근로자의 요구와 편의를 위한 것이고 융자금액과 융자기간, 이율, 반환방법이 합리적이며 반환 전에 회사 사퇴를 금지하는 조건이 붙어 있지 않다면 전차금상쇄금지조항 위반이 아니라고 보고 있다. 여기서 유의할 점은 금지가 되는 상계는 어디까지나 사용자의 일방적 의사표시에 의한 상계가 금지된다는 것이다. 따라서 근로자의 의사에 의한 상계 혹은 사용자와 근로자의 쌍방 합의에 의한 상계까지 금지되는 것은 아니다.

---

7 이 책의 "Chapter 03 「근로기준법」의 주요 원칙 규정, 03_강제근로의 금지" 부분 참조.
8 대법원 1992. 2. 25. 선고 91다26232 판결.

아울러 유의할 점은, 사용자에 의한 전차금 상계가 금지된다고 해서 사용자의 임금채권에 대한 압류 및 전부명령까지 허용되지 않는 것은 아니다. 임금의 전액지급의 원칙에 비추어 사용자가 근로자의 급료나 퇴직금 등 임금채권을 수동채권으로 하여 사용자의 근로자에 대한 다른 채권으로 상계할 수 없지만, 그렇다고 하여 사용자가 근로자에 대한 채무명의의 집행을 위하여 근로자 자신에 대한 임금채권 중 2분의 1 상당액을 한도로 하여 압류 및 전부명령을 받는 것까지 금지하는 취지는 아니다. 따라서 「근로기준법」 제21조에서 사용자가 전차금, 기타 근로할 것을 조건으로 하는 전대채권과 임금을 서로 상계하지 못한다는 취지를 규정하였다고 해서 이 조문을 근거로 하여 사용자의 임금채권에 관한 압류 및 전부명령이 허용되지 않는다고 풀이할 수는 없다.[9]

3 통화지급

임금은 통화로 지급하는 것이 원칙이다. 다만 예외적으로 법령 또는 단체협약에 특별한 규정이 있는 경우에는 통화 이외의 것으로 지급할 수 있다. 판례[10]에 의하면, 임금은 법령 또는 단체협약에 특별한 규정이 있는 경우를 제외하고는 통화로 직접 근로자에게 그 전액을 지급하여야 하

9 대법원 1994. 3. 16. 선고 93마1822 결정.

10 대법원 2012. 3. 29. 선고 2011다101308 판결.

므로 사용자가 근로자에 대한 임금 지급에 갈음하여 사용자가 제3자에 대하여 가지는 채권을 근로자에게 양도하기로 하는 약정은 이러한 약정이 법령 또는 단체협약상의 규정에 근거하였다고 볼 수 있는 경우를 제외하고는 약정 그 자체로서 무효이지만, 당사자 쌍방이 위와 같은 무효를 알았더라면 임금의 지급에 갈음하는 것이 아니라 그 지급을 위하여 채권을 양도하는 것을 의욕하였으리라고 인정될 때에는, 무효인 법률행위가 다른 법률행위의 요건을 구비하고 당사자가 그 무효를 알았더라면 다른 법률행위를 하는 것을 의욕하였으리라고 인정될 때에 다른 법률행위로서 효력을 가진다는 「민법」 제138조 소정의 무효행위 전환의 법리에 따라 그 채권양도 약정은 임금의 지급을 위하여 한 것으로서 효력을 가질 수 있다. 따라서 근로자가 채권양도합의에 따라 양도받은 채권의 일부를 추심하여 미수령 임금 및 퇴직금의 일부에 충당한 사실이 있다고 하더라도 채권양도를 임금지급에 갈음하기로 한 약정의 효력은 그 자체로서 무효이며, 다만 위와 같이 충당된 부분의 임금 및 퇴직금은 변제로 소멸된다. 따라서 사용자와 근로자 간의 채권양도 합의 자체는 무효이고, 무효행위 전환법리에 따라 채권양도가 임금지급에 갈음하는 것이 아니라 그 지급을 위한 것이라고 보게 되는 경우에는 그 법리에 따라 원래의 미수령 임금 및 퇴직금 중 아직 변제받지 못한 부분을 근로자는 사용자에 대하여 청구할 수 있다.

4 정기지급

임금은 매월 1회 이상 일정한 날짜를 정하여 지급하여야 한다. 근로자는 스스로 자영업자가 되는 기회를 포기하고 종속적인 근로를 제공하는 대신 보다 안정적인 경제생활을 추구하는 만큼, 근로자에 대한 임금은 반드시 예측 가능하게 정기적으로 월 1회 이상 지급되어야 한다. 임시로 지급하는 임금, 수당, 그 밖에 이에 준하는 것 또는 대통령령으로 정하는 임금에 대하여는 정기지급의 원칙이 적용되지 아니한다. 예컨대 분기별로 지급되는 상여금 등은 정기지급원칙 위반이 아니다. 우리 「근로기준법」은 취업규칙에서 반드시 임금 지급시기를 정하도록 규정하고 있다.

04 「근로기준법」상 주요 임금보호 규정들

1 「근로기준법」상 임금채권 우선변제 규정

「근로기준법」 제38조는 임금채권과 관련하여 우선변제효력을 인정하고 있다. 먼저 제1항을 살펴보면, 임금채권은 사용자의 총재산에 대하여 질권 · 저당권 또는 「동산 · 채권 등의 담보에 관한 법률」에 따른 담보권에 따라 담보된 채권 외에는 조세 · 공과금 및 다른 모든 일반 채권에 우선하여 변제권이 있음을 명시하고 있다. 따라서 질권 · 저당권 또는 「동산 · 채권 등의 담보에 관한 법률」에 따라 담보된 채권 및 「동산 · 채권 등의 담보에 관한 법률」에 따른 담보권에 우선하는 조세 · 공과금을 제외하고 다른 일반 채권에 대하여 임금채권은 우선변제권을 가진다.

이어서 제2항에 의하면, 최종 3개월분의 임금채권은 사용자의 총재산에 대하여 질권 · 저당권 또는 「동산 · 채권 등의 담보에 관한 법률」에 따른 담보권에 따라 담보된 채권, 조세 · 공과금 및 다른 모든 일반 채권에 우선하여 변제권이 있음을 명시하고 있다. 이 규정은 최종 3개월분의 임금에 한하여 채권뿐만 아니라 담보권에도 우선한다고 규정함으로써 「민법」상 대원칙인 물권의 대외적 효력 원칙에 대한 중대한 예외 규정으로 매우 큰 의미를 가지는 규정이다. 유의할 점은, 최종 3개월분의 임금채권이라 함은 역수상의 의미로서 3개월분을 의미하고, 금액상 3개월분의 임금 상당액을 의미하지 않는다는 것이다.[11] 판례[12]에 의하면, 우선변제의 특권의 보호를 받는 임금채권의 범위는, 당해 임금채권에 대한 근로자의 배당 요구 당시 근로자와 사용자와의 근로계약관계가 이미 종료되었다면 그 종료 시부터 소급하여 3개월 사이에 지급사유가 발생한 임금 중 미지급분을 의미한다.

---

11 이 부분에 대한 보다 자세한 논의는 최윤희, "18. 임금채권의 우선변제 – 대법원 2008. 6. 26. 선고 2006다1930 판결(배당이의) – ", 『한국노동법학회 노동판례백선』, 박영사, 2015, 70–73쪽.

12 대법원 2008. 6. 26. 선고 2006다1930 판결.

2 임금체불

「근로기준법」은 제43조의2에서 체불사업주 명단 공개 규정을 두고 있는데, 고용노동부 장관은 임금을 지급하지 아니한 사업주(체불사업주)가 명단 공개 기준일 이전 3년 이내 임금 등을 체불하여 2회 이상 유죄가 확정된 자로서 명단 공개 기준일 이전 1년 이내 임금 등의 체불 총액이 3천만 원 이상인 경우에는 그 인적 사항 등을 공개할 수 있도록 규정하고 있다. 다만, 체불사업주의 사망 · 폐업으로 명단 공개의 실효성이 없는 경우 등 대통령령으로 정하는 사유가 있는 경우에는 예외로 한다. 고용노동부 장관은 명단 공개를 할 경우에 체불사업주에게 3개월 이상의 기간을 정하여 소명 기회를 주어야 한다. 체불사업주의 인적 사항 등에 대한 공개 여부를 심의하기 위하여 고용노동부에 임금체불정보심의위원회를 둔다. 위원회의 구성 · 운영 등 필요한 사항은 고용노동부령으로 정한다. 기타 명단 공개의 구체적인 내용, 기간 및 방법 등 명단 공개에 필요한 사항은 대통령령으로 정한다.

이어서 「근로기준법」은 임금 등 체불 자료의 제공에 관하여도 규정을 두고 있는데, 「근로기준법」 제43조의3에 의하면, 고용노동부 장관은 「신용정보의 이용 및 보호에 관한 법률」 제25조 제2항 제1호에 따른 종합신용정보집중기관이 임금 등 체불 자료 제공일 이전 3년 이내 임금 등을 체불하여 2회 이상 유죄가 확정된 자로서 임금 등 체불 자료 제공일 이전 1년 이내 임금 등의 체불 총액이 2천만 원 이상인 체불사업주의 인적 사항과 체불액 등에 관한 자료(임금 등 체불 자료)를 요구할 때에는 임금 등의 체불을 예방하기 위하여 필요하다고 인정하는 경우에 그 자료를 제공할 수 있다. 다만, 체불사업주의 사망 · 폐업으로 임금 등 체불 자료 제공의 실효성이 없는 경우 등 대통령령으로 정하는 사유가 있는 경우에는 예외로 한다.

3 도급사업 관련

「근로기준법」 제44조는 도급사업에 대한 임금지급 규정을 두고 있는데, 사업이 여러 차례의 도급에 따라 행하여지는 경우에 하수급인이 직상 수급인의 귀책사유로 근로자에게 임금을 지급하지 못한 경우에는 그 직상 수급인은 그 하수급인과 연대하여 책임을 지게 하고 있다. 다만, 직상 수급인의 귀책사유가 그 상위 수급인의 귀책사유에 의하여 발생한 경우에는 그 상위 수급인도 연대하여 책임을 진다. 여기서 직상 수급인 내지 상위 수급인의 귀책사유는 「근로기준법 시행령」에서 규정하고 있는데, 정당한 사유 없이 도급계약에서 정한 도급 금액 지급일에 도급 금액을 지급하지 아니한 경우, 정당한 사유 없이 도급계약에서 정한 원자재 공급을 늦게 하거나 공급을 하지 아니한 경우, 정당한 사유 없이 도급계약의 조건을 이행하지 아니하여 하수급인이 도급사업을 정상적으로 수행하지 못한 경우 등을 의미한다. 연대채무는 보증채무와 달리 보충성이 없으므로 수급인은 최고 · 검색의 항변권을 가지지 아니함은 물론이다.

이어 「근로기준법」 제44조의2는 건설업에서 도급이 이루어진 경우 임금지급 연대책임에 대하여 규정을 두고 있는데, 건설업에서 사업이 두 차례 이상 「건설산업기본법」 소정의 도급(공사도급)이 이루어진 경우에 같은 법 규정에 따른 건설업자가 아닌 하수급인이 그가 사용한 근로자에게 임금(해당 건설공사에서 발생한 임금으로 한정함)을 지급하지 못한 경우에는 그 직상 수급인은 하수급인과 연대하여 하수급인이 사용한 근로자의 임금을 지급할 책임을 지도록 규정하고 있다. 이 규정에서 특기할 점은 앞서 본 제44조의 규정과 달리 직상 수급인의 귀책사유 유무를 불문하고 건설업자가 아닌 하수급인에게 도급을 주었다면 임금지급에 대한 연대책임을 지게 한다는 점이다. 이 경우 직상 수급인 자신도 「건설산업기본법」 규정에 따른 건설업자가 아닌 때에는 그 상위 수급인 중에서 최하위의 건설업자를 직상 수급인으로 본다. 법률에 따라 건설업 등록을 하고 건설업을 하는 등록된 건설업자가 아닌 자에게 도급을 줌으로써 근로자의 임금체불의 위험성을 상대적으로 크게 한 점을 고려한 입법이라고 본다.

건설업의 공사도급에 관하여는 「근로기준법」 제44조의3에서 또 다른 특례 규정을 두고 있는데, 동조 제1항은 건설업에서 공사도급이 이루어진 경우로서 하수급인이 지급의무를 부담하는 임금채무를 직상 수급인이 근로자에게 직접 지급할 의무가 발생하는 경우를 규정하고 있다. 이처럼 직상 수급인의 임금직접지급의무가 발생하는 경우로서는 다음과 같은 세 가지 경우가 있다.

첫째, 직상 수급인이 하수급인을 대신하여 하수급인이 사용한 근로자에게 지급하여야 하는 임금을 직접 지급할 수 있다는 뜻과 그 지급 방법 및 절차에 관하여 직상 수급인과 하수급인이 합의한 경우이다.

두 번째는 「민사집행법」 제56조 제3호에 따른 확정된 지급명령, 하수급인의 근로자에게 하수급인에 대하여 임금채권이 있음을 증명하는 같은 법 제56조 제4호에 따른 집행증서, 「소액사건심판법」 제5조의7에 따라 확정된 이행권고결정, 그 밖에 이에 준하는 집행권원이 있는 경우이다.

마지막으로 세 번째는 하수급인이 그가 사용한 근로자에 대하여 지급하여야 할 임금채무가 있음을 직상 수급인에게 알려 주고, 직상 수급인이 파산 등의 사유로 하수급인이 임금을 지급할 수 없는 명백한 사유가 있다고 인정하는 경우이다. 직상 수급인이 임금직접지급의무를 지는 것은 직상 수급인이 하수급인에게 지급하여야 하는 하도급대금 채무의 부담범위 내에서이다.

「근로기준법」 제44조의3 제2항은 건설업에서 발주자의 수급인(원수급인)으로부터 공사도급이 두 차례 이상 이루어진 경우로서 하수급인(도급받은 하수급인으로부터 재하도급받은 하수급인 포함)이 사용한 근로자에게 그 하수급인에 대한 앞서 본 제1항의 두 번째 경우에서 정하고 있는 집행권원이 있는 경우에 근로자가 원수급인에게 임금직접지급 청구권이 있음을 규정하고 있다. 이때 근로자는 해당 건설공사에서 발생한 임금에 한정하여, 하수급인이 지급하여야 하는 임금에 해당하는 금액을 원수급인에게 직접 지급할 것을 요구할 수 있다. 원수급인은 근로자가 원수급인 자신에 대하여 「민법」 제404조에 따른 채권자대위권을 행사할 수 있는 금액의 범위에서 이에 따라야 할 의무가 있다.

직상 수급인 또는 원수급인이 「근로기준법」 규정에 따라 하수급인이 사용한 근로자에게 임금에 해당하는 금액을 지급한 경우에는, 직상 수급인 또는 원수급인의 하수급인에 대한 하도급 대금 지급채무는 그 범위 내에서 소멸한 것으로 본다.

4 휴업수당

「근로기준법」은 제46조에서 휴업수당에 관하여 규정하고 있는데, 사용자의 귀책사유로 휴업하는 경우에 사용자는 휴업기간 동안 그 근로자에게 평균임금의 100분의 70 이상의 수당을 지급하여야 한다. 다만, 평균임금의 100분의 70에 해당하는 금액이 통상임금을 초과하는 경우에는 통상임금을 휴업수당으로 지급할 수 있다. 근로자의 귀책사유가 아닌 사용자의 귀책사유로 인하여 근로제공을 할 수 없는 대표적 경우라고 할 수 있는 휴업 발생 시 근로자가 소정의 임금을 지급받을 수 있도록 함으로써 최소한의 생활보장을 하려는 취지의 규정이라고 할 수 있다.

여기서 사용자의 귀책사유는 일반적으로 「민법」상의 채무불이행 요건인 귀책사유로서의 고의 과실보다 넓은 개념으로 보는 것이 일반적인 해석론이다.[13] 즉, 사용자의 세력범위 내에서 발생한 경영 장애는 모두 사용자의 귀책사유로 보아야 할 것이므로 원자재의 부족, 배급유통기구의 차질에 의한 휴업 등은 모두 사용자의 귀책사유가 된다. 그러나 천재지변, 전쟁 및 재난 등 불가항력적 사유로 사업 계속이 불가능한 경우 사용자는 면책된다고 보아야 할 것이다. 「근로기준법」 제46조 제2항은 부득이한 사유로 사업을 계속하는 것이 불가능하여 노동위원회의 승인을 받은 경우에는 평균임금의 100분의 70에 못 미치는 휴업수당을 지급할 수 있도록 규정하고 있다.

휴업수당 지급과 관련하여 유의할 사항은, 「근로기준법」상 부득이한 사유로 사업을 계속하는 것이 불가능하여 노동위원회의 승인을 받는 예외적인 경우가 아니라면 어떠한 경우에도 휴업수당은 평균임금의 100분의 70에 해당하는 금액을 지급하여야 한다는 점이다. 따라서 휴업기간 중 근로자가 다른 곳에서 일을 하여 별도의 소득이 생겼다 하더라도 휴업수당의 경우 평균임금의 100분의 70은 강행적으로 설정된 기준금액이므로 중간수입 공제에 의한 그 이하의 지급은 허용되지 않는다.[14]

---

13 김유성, 『노동법 1』, 법문사, 2005, 103쪽; 김형배, 『노동법』, 박영사, 2015, 397쪽; 이상윤, 『노동법』, 법문사, 2011, 209쪽; 임종률, 『노동법』, 박영사, 2016, 409쪽; 하갑래, 『근로기준법』, 중앙경제㈜, 2013, 505쪽.

14 대법원 1993. 11. 9. 선고 93다37915 판결.

5 기 타

「근로기준법」은 제45조에서 임금의 비상 시 지급 규정을 두고 있는데, 사용자는 근로자가 출산, 질병, 재해, 그 밖에 대통령령으로 정하는 비상非常한 경우의 비용에 충당하기 위하여 임금 지급을 청구하면 지급기일 전이라도 이미 제공한 근로에 대한 임금을 지급하여야 한다. 통상의 경우 사용자는 월 1회 이상 정하여진 날짜에 임금을 지급하면 되지만, 비상 시 지급 규정에 해당하는 경우에는 지급기일 전이라도 이미 제공한 근로에 해당하는 임금액을 미리 지급할 의무가 있다.

이 외에도 「근로기준법」 제47조는 도급근로자의 임금보호 규정을 두어, 사용자는 도급이나 그 밖에 이에 준하는 제도로 사용하는 근로자에게 근로시간에 따라 일정액의 임금을 보장하여야 한다고 규정하고 있다. 계약의 형식에 있어서는 도급계약 형식을 취하더라도 실질에 있어서 근로자로 인정되는 자에게는 임금에 관한 법리에 따라 근로의 대가가 지불되어야 한다. 즉, 도급계약의 형식을 취하였더라도 계약의 실질이 근로계약으로 인정된다면 이러한 계약을 체결한 자는 근로자로서 그의 보수는 도급대금이 아니라 임금이며, 근로자에게는 「근로기준법」상의 근로시간에 따른 일정액의 임금 즉 적어도 법정 최저임금을 상회하는 임금이 지불되어야 한다.

05 「최저임금법」

「근로기준법」상 근로자로 인정되는 자는 「최저임금법」상 인정되는 법정 최저임금 이상의 임금을 지급받을 권리가 있다. 「최저임금법」은 근로자에 대하여 임금의 최저 수준을 보장하여 근로자의 생활안정과 노동력의 질적 향상을 꾀함으로써 국민경제의 건전한 발전에 이바지하는 것을 목적으로 입법되었으며, 이 법은 근로자를 사용하는 모든 사업 또는 사업장에 적용된다. 동거하는 친족만을 사용하는 사업과 가사사용인 및 「선원법」의 적용을 받는 선원과 선원을 사용하는 선박의 소유자에게는 이 법이 적용되지 아니한다. 이 외에도 1년 미만의 기간제 근로계약을 체결한 근로자가 아닌 자로서 수습 사용한 날부터 3개월 이내인 수습 사용 중에 있는 자와 「근로기준법」 제63조 제3호에 따라 감시 또는 단속적으로 근로에 종사하는 자로서 사용자가 고용노동부 장관의 승인을 받은 자의 경우 법정 최저임금의 100분의 90에 해당하는 금액을 최저임금액으로 정할 수 있다. 또한 임금이 통상적으로 도급제나 그 밖에 이와 비슷한 형태로 정하여져 있는 경우로서 「최저임금법」에 따라 최저임금액을 정하는 것이 적당하지 아니하다고 인정되면 대통령령으로 정하는 바에 따라 최저임금액을 따로 정할 수 있고, 정신장애나 신체장애로 근로능력이 현저히 낮은 자와 그 밖에 최저임금을 적용하는 것이 적당하지 아니하다고 인정되는 자로서 사용자가 대통령령으로 정하는 바에 따라

고용노동부 장관의 인가를 받은 자에 대하여는 최저임금을 적용하지 아니한다.

최저임금액 결정 구조를 살펴보면, 고용노동부 장관은 매년 8월 5일까지 최저임금을 결정하여야 하는데, 이를 위하여 고용노동부 장관은 최저임금위원회에 심의를 요청하고, 최저임금위원회가 심의하여 의결한 최저임금안에 따라 최저임금을 결정하게 된다. 최저임금위원회는 고용노동부 장관으로부터 최저임금에 관한 심의 요청을 받은 경우 이를 심의하여 최저임금안을 의결하고 심의 요청을 받은 날부터 90일 이내에 고용노동부 장관에게 제출하여야 한다. 고용노동부 장관은 최저임금위원회가 심의하여 제출한 최저임금안에 따라 최저임금을 결정하기가 어렵다고 인정되면 20일 이내에 그 이유를 밝혀 위원회에 10일 이상의 기간을 정하여 재심의를 요청할 수 있다. 최저임금위원회는 고용노동부 장관으로부터 최저임금안에 대한 재심의 요청을 받은 때에는 그 기간 내에 재심의하여 그 결과를 고용노동부 장관에게 제출하여야 한다. 이 경우 고용노동부 장관은 최저임금위원회가 재심의에서 재적위원 과반수의 출석과 출석위원 3분의 2 이상의 찬성으로 애초의 최저임금안을 재의결한 경우에는 그에 따라 최저임금을 결정하여야 한다. 최저임금은 근로자의 생계비, 유사 근로자의 임금, 노동생산성 및 소득분배율 등을 고려하여야 하는데, 이 경우 사업의 종류별로 구분하여 정할 수 있다. 사업의 종류별 구분은 「최저임금법」상 규정된 최저임금위원회의 심의를 거쳐 고용노동부 장관이 결정한다. 최저임금액은 시간급 · 일급 · 주급 또는 월급을 단위로 하여 정하고, 일급 · 주급 또는 월급을 단위로 하여 최저임금액을 정할 때에는 시간급으로도 표시하여야 한다.

최저임금위원회는 고용노동부 내에 설치하는데, 최저임금위원회의 설치 이유는 최저임금에 관한 심의와 그 밖에 최저임금에 관한 중요 사항을 심의하기 위한 것으로서, 최저임금위원회의 주요 업무는 최저임금에 관한 심의 및 재심의, 최저임금 적용 사업의 종류별 구분에 관한 심의, 최저임금제도의 발전을 위한 연구 및 건의, 그 밖에 최저임금에 관한 중요 사항으로서 고용노동부 장관이 회의에 부치는 사항 등이다. 최저임금위원회의 구성을 살펴보면, 근로자를 대표하는 위원(근로자위원) 9명, 사용자를 대표하는 위원(사용자위원) 9명, 공익을 대표하는 위원(공익위원) 9명으로 구성된다. 전체 위원 중 2명의 상임위원을 두며, 상임위원은 공익위원이 된다. 위원의 임기는 3년으로 하되, 연임할 수 있고, 최저임금위원회에는 위원장과 부위원장 각 1명을 둔다. 위원장과 부위원장은 공익위원 중에서 최저임금위원회가 선출하며, 위원장은 사무를 총괄하면서 최저임금위원회를 대표한다. 위원장이 불가피한 사유로 직무를 수행할 수 없을 때에는 부위원장이 직무를 대행한다. 이 외에도 최저임금위원회에는 관계 행정기관의 공무원 중에서 3명 이내의 특별위원을 둘 수 있고, 특별위원은 최저임금위원회의 회의에 출석하여 발언할 수 있다. 최저임금위원회는 그 업무를 수행할 때에 필요하다고 인정하면 관계 근로자와 사용자, 그 밖의 관계인의 의견을 들을 수 있을 뿐만 아니라, 필요하다고 인정하면 사업의 종류별 또는 특정 사항별로 전문위원회를 둘 수 있다.

고용노동부 장관은 최저임금을 결정한 때에는 지체 없이 그 내용을 고시하여야 한다. 고시된 최저임금은 다음 연도 1월 1일부터 효력이 발생한다. 다만, 고용노동부 장관은 사업의 종류별로 임금교섭 시기 등을 고려하여 필요하다고 인정하면 효력발생 시기를 따로 정할 수 있다. 최저임금액이 효력을 발생하면 사용자는 최저임금의 적용을 받는 근로자에게 최저임금액 이상의 임금을 지급하여야 하고, 사용자는 최저임금을 이유로 종전의 임금수준을 낮추는 것이 금지된다. 최저임금의 적용을 받는 근로자와 사용자 사이의 근로계약 중 최저임금액에 미치지 못하는 금액을 임금으로 정한 부분은 무효로 하며, 이 경우 무효로 된 부분은 「최저임금법」으로 정한 최저임금액과 동일한 임금을 지급하기로 한 것으로 본다. 최저임금액보다 적은 임금을 지급하거나 최저임금을 이유로 종전의 임금을 낮춘 자는 3년 이하의 징역 또는 2천만 원 이하의 벌금에 처하고, 징역과 벌금은 병과할 수 있다. 최저임금 결정을 위한 기초자료로서 고용노동부 장관은 근로자의 생계비와 임금실태 등을 매년 조사하여야 하며, 정부는 근로자와 사용자에게 최저임금제도를 원활하게 실시하는 데에 필요한 자료를 제공하거나 그 밖에 필요한 지원을 하도록 최대한 노력하여야 한다.

06 / 「임금채권보장법」

근로자의 체불임금을 현실적으로 확보해 줌으로써 이들의 기본생활의 안정을 도모하기 위하여 특히 IMF 구제금융사태 이후 마련된 특별법으로서 「임금채권보장법」은 1998년 2월 20일에 제정되어 같은 해 7월 1일부터 시행되어 오는 법으로서 수차례의 개정을 거쳐 현재에 이르고 있다. 이 법의 입법은 경기변동과 산업구조 변화 등으로 사업을 계속하는 것이 불가능하거나 기업의 경영이 불안정하여, 임금 등을 지급받지 못하고 퇴직한 근로자 등에게 그 지급을 보장하는 조치를 마련함으로써 근로자의 생활안정에 이바지하는 것을 그 목적으로 하고 있다. 「임금채권보장법」의 적용 대상은 「산업재해보상보험법」의 적용 대상인 사업 내지 사업장을 그 대상으로 하고 있으므로, 근로자를 사용하는 모든 사업 내지 사업장으로서 특별히 대통령령으로서 「산업재해보상보험법」의 적용이 배제되는 사업 내지 사업장 외에는 모든 근로자를 사용하는 사업 내지 사업장에 적용된다. 법의 가장 주된 내용은 임금체불이 행하여질 경우 이 법에서 정하는 요건에 해당하면 이 법에 의하여 근로자들을 위하여 별도로 조성한 임금채권보장기금으로부터 국가가 사업주를 대신하여 그 지급을 보장하는 것이다.

이 법에 의하여 지급이 보장되는 체불임금의 요건은 사업주에 대하여

「채무자회생 및 파산에 관한 법률」에 따른 회생절차개시의 결정이 있는 경우 또는 「채무자회생 및 파산에 관한 법률」에 따른 파산선고의 결정이 있는 경우, 고용노동부 장관이 사업주에 대하여 대통령령으로 정한 요건과 절차에 따라 미지급 임금 등을 지급할 능력이 없다고 인정하는 경우, 근로자가 사업주에 대하여 미지급 임금을 지급하라는 「민사집행법」 제24조에 따른 확정된 종국판결, 「민사집행법」 제56조 제3호에 따른 확정된 지급명령, 「민사집행법」 제56조 제5호에 따른 소송상 화해, 청구의 인낙認諾 등 확정판결과 같은 효력을 가지는 것, 「민사조정법」 제28조에 따라 성립된 조정, 「민사조정법」 제30조에 따른 확정된 조정을 갈음하는 결정, 「소액사건심판법」 제5조의7 제1항에 따른 확정된 이행권고결정을 받은 경우이다. 이 법에 의하여 지급이 보장되는 체불임금의 요건에 해당할 경우 고용노동부 장관이 사업주를 대신하여 근로자에게 지급하는 임금(체당금)의 범위는 「근로기준법」 제38조 제2항 제1호에 따른 최종 3개월분의 임금 및 「근로자퇴직급여 보장법」 제12조 제2항에 따른 최종 3년간의 퇴직급여, 「근로기준법」 제46조에 따른 최종 3개월분의 휴업수당 등이다. 다만, 앞서 본 체당금 지급요건 중 사업주에 대하여 「채무자회생 및 파산에 관한 법률」에 따른 회생절차개시의 결정이 있는 경우 또는 「채무자회생 및 파산에 관한 법률」에 따른 파산선고의 결정이 있는 경우, 고용노동부 장관이 사업주에 대하여 대통령령으로 정한 요건과 절차에 따라 미지급 임금 등을 지급할 능력이 없다고 인정하는 경우의 체당금의 범위는 대통령령으로 정하는 바에 따라 체당금의 상한액을 근로자의 퇴직 당시의 연령 등을 고려하여 따로 정할 수 있으며 체당금이 적은 경우에는 지급하지 아니할 수 있다. 이 외에도 고용노동부 장관은 사업주가 일시적인 경영상 어려움 등의 사유로 근로자에게 임금 등을 지급하지 못한 경우에 사업주의 신청에 따라 체불임금 등을 지급하는 데 필요한 비용을 융자할 수 있는데, 이 경우 비용 융자의 구체적인 기준, 금액, 기간 및 절차 등은 고용노동부령으로 정한다. 이렇게 융자를 받은 금액은 고용노동부 장관이 해당 근로자에게 직접 지급하여야 한다.

체불임금을 지급하기 위한 재원인 임금채권보장기금은 사업주의 부담금 등을 주요 재원으로 하되, 고용노동부 장관은 기금을 운용하는 데에 필요하면 기금의 부담으로 금융기관이나 다른 기금 등으로부터 차입한 금원도 재원으로 사용할 수 있다. 임금채권보장기금의 관리 · 운용에 관한 중요 사항을 심의하기 위하여 고용노동부에 임금채권보장기금심의위원회를 설치하는데, 임금채권보장기금심의위원회는 근로자를 대표하는 자, 사업주를 대표하는 자 및 공익을 대표하는 자로 구성하되, 각각 같은 수로 구성한다. 이 외에 위원회의 조직과 운영에 필요한 사항은 대통령령으로 정한다. 고용노동부 장관은 근로자에게 체당금을 지급하였을 때에는 그 지급한 금액의 한도에서 그 근로자가 해당 사업주에 대하여 미지급 임금 등을 청구할 수 있는 권리를 대위代位하며, 고용노동부 장관은 근로자에게 체당금을 지급하려는 경우에는 해당 사업주에게 재산관계를 구체적으로 밝힌 재산목록의 제출을 명할 수 있고, 재산목록 제출명령을 받은 사업주는 특별한 사유가 없으면 7일 이내에 고용노동부 장관에게 재산관계를 구체적으로 밝힌 재산목록을 제출하여야 한다. 거짓이나 그 밖의 부정한 방법으로 체당금 또는 융자를 받거나 받게 한 자 또는 정당한 사유 없이 재산목록의 제출을 거부하거나 거짓의 재산목록을 제출한 자 등은 모두 이 법상 형사처벌 규정이 있다.

07 「근로자퇴직급여 보장법」

「근로기준법」은 퇴직하는 근로자가 지급받아야 하는 퇴직급여제도에 관하여 「근로자퇴직급여 보장법」의 규정에 의한다고 규정함으로써, 현재 퇴직금 지급에 관하여는 특별법으로서 「근로자퇴직급여 보장법」의 내용이 다른 법 규정에 우선하여 적용된다. 「근로자퇴직급여 보장법」은 근로자 퇴직급여제도의 설정 및 운영에 필요한 사항을 정함으로써 근로자의 안정적인 노후생활 보장에 이바지함을 그 입법 목적으로 하는데, 그 적용 대상은 근로자를 사용하는 모든 사업 내지 사업장을 대상으로 한다. 다만, 동거하는 친족만을 사용하는 사업 및 가구 내 고용활동에는 적용하지 아니한다. 사용자는 계속근로기간이 1년 미만인 근로자 또는 4주간을 평균하여 1주간의 소정 근로시간이 15시간 미만인 근로자를 제외하고 퇴직하는 모든 근로자에게 급여를 지급하기 위하여 확정급여형 퇴직연금제도, 확정기여형 퇴직연금제도 및 퇴직금제도의 세 가지 퇴직급여제도 중 하나 이상의 제도를 설정하여야 한다. 다만, 법률 제10967호 「근로자퇴직급여 보장법」 전부개정법률 시행일인 2012년 7월 26일 이후 새로 성립(합병 · 분할된 경우는 제외함)된 사업의 사용자는 사업의 성립 후 1년 이내에 확정급여형 퇴직연금제도나 확정기여형 퇴직연금제도 중 하나를 설정하여야 한다. 확정급여형 퇴직연금제도란 근로자가 받을 급여의 수준이 사전에 결정되어 있는 퇴직연금제도를 의미하고, 확정기여형 퇴직연금제도는 급여의 지급을 위하여 사용자가 부담하여야 할 부담금의 수준이 사전에 결정되어 있는 퇴직연금제도를 의미하며, 퇴직금제도는 계속근로기간 1년에 대하여 30일분 이상의 평균임금을 퇴직금으로 지급하는 제도이다. 사용자가 퇴직급여제도를 설정하거나 설정된 퇴직급여제도를 다른 종류의 퇴직급여제도로 변경하려는 경우에는 근로자의 과반수가 가입한 노동조합이 있는 경우에는 그 노동조합(과반수 노조), 과반수 노조가 없는 경우에는 근로자 과반수의 동의를 받아야 한다. 사용자가 이미 설정된 퇴직급여제도의 내용을 변경하려는 경우에는 과반수 노조 또는 근로자 과반수의 의견을 들어야 하는데, 이 경우 퇴직급여제도의 내용을 불리하게 변경하려는 경우는 과반수 노조 또는 근로자 과반수의 동의를 받아야 한다.

확정급여형 퇴직연금제도를 설정하는 사용자는 확정급여형 퇴직연금규약을 작성하여 고용노동부 장관에게 신고하여야 하는데, 이때 퇴직연금규약에 포함되어야 할 사항으로는 퇴직연금사업자 선정에 관한 사항,

가입자에 관한 사항, 가입기간에 관한 사항, 급여수준에 관한 사항, 급여 지급능력 확보에 관한 사항, 급여의 종류 및 수급요건 등에 관한 사항, 운용관리업무 및 자산관리업무의 수행을 내용으로 하는 계약의 체결 및 해지와 해지에 따른 계약의 이전에 관한 사항, 운용 현황의 통지에 관한 사항, 가입자의 퇴직 등 급여 지급사유 발생과 급여의 지급절차에 관한 사항, 퇴직연금제도의 폐지 · 중단 사유 및 절차 등에 관한 사항, 그 밖에 확정급여형 퇴직연금제도의 운영을 위하여 대통령령으로 정한 사항 등이 있다. 확정급여형 퇴직연금제도를 설정한 사용자는 급여지급능력을 확보하기 위하여 이 법에서 요구하는 소정의 금액 이상의 적립금을 마련하여야 하며, 확정급여형 퇴직연금 수급자격 요건으로는 55세 이상으로서 가입기간이 10년 이상인 가입자에게 연금의 지급기간을 5년 이상으로 하여 지급되어야 한다. 근로자가 연금수급 요건을 갖추지 못하거나 일시금 수급을 원하는 경우에는 사용자는 일시금을 근로자에게 지급하게 된다.

확정기여형 퇴직연금제도를 설정하는 사용자는 확정기여형 퇴직연금 규약을 작성하여 고용노동부 장관에게 신고하여야 하는데, 이때 퇴직연금규약에 포함되어야 할 사항으로는 부담금의 부담에 관한 사항, 부담금의 납입에 관한 사항, 적립금의 운용에 관한 사항, 적립금의 운용 방법 및 정보의 제공 등에 관한 사항, 적립금의 중도인출에 관한 사항, 퇴직연금사업자 선정에 관한 사항, 가입자에 관한 사항, 가입기간에 관한 사항, 급여의 종류 및 수급요건 등에 관한 사항, 운용관리업무 및 자산관리업무의 수행을 내용으로 하는 계약의 체결 및 해지와 해지에 따른 계약의 이전에 관한 사항, 운용 현황의 통지에 관한 사항, 가입자의 퇴직 등 급여 지급사유 발생과 급여의 지급절차에 관한 사항, 퇴직연금제도의 폐지 · 중단 사유 및 절차 등에 관한 사항, 그 밖에 확정기여형 퇴직연금제도의 운영에 필요한 사항으로서 대통령령으로 정하는 사항 등이 있다. 확정급여형 퇴직연금 수급자격 요건과 마찬가지로, 확정기여형 퇴직연금도 수급자격 요건으로는 55세 이상으로서 가입기간이 10년 이상인 가입자에게 연금의 지급기간을 5년 이상으로 하여 지급되어야 한다. 근로자가 연금수급 요건을 갖추지 못하거나 일시금 수급을 원하는 경우에는 사용자는 일시금을 근로자에게 지급하게 된다.

퇴직연금사업자는 매년 1회 이상 적립금액 및 운용수익률 등을 고용노동부령으로 정하는 바에 따라 가입자에게 알려야 한다. 「근로자퇴직급여 보장법」은 퇴직급여제도로서 인정되는 확정급여형과 확정기여형의 두 가지의 퇴직연금제도 외에도 개인형 퇴직연금제도를 인정하고 있는데, 개인형 퇴직연금제도는 가입자의 선택에 따라 가입자가 납입한 일시금이나 사용자 또는 가입자가 납입한 부담금을 적립 · 운용하기 위하여 설정한 퇴직연금제도로서 급여의 수준이나 부담금의 수준이 확정되지 아니한 퇴직연금제도를 의미한다. 개인형 퇴직연금제도는 퇴직급여제도의 일시금을 수령한 사람, 확정급여형 퇴직연금제도 또는 확정기여형 퇴직연금제도의 가입자로서 자기 부담으로 개인형 퇴직연금제도를 추가로 설정하려는 사람, 자영업자 등 안정적인 노후소득 확보가 필요한 사람으로서 대통령령으로 정하는 사람이 가입 대상이다. 이 외에도 상시 10명 미만의 근로자를 사용하는 사업의 경우, 사용자가 개별 근로자의 동의를 받거나 근로자의 요구에 따라 개인형 퇴직연금제도를 설정함으로써 퇴직급여제도의 설정을 대체할 수 있다.

이 법은 퇴직급여의 우선변제 규정을 두고 있는데, 사용자가 미납한 퇴직급여 채무는 사용자의 총재산에 대하여 질권 또는 저당권에 우선하는 조세 · 공과금 및 질권 또는 저당권에 의하여 담보된 채권을 제외하고는 조세 · 공과금 및 다른 채권에 우선하여 변제되어야 하고, 미납 퇴직급여 중 특히 최종 3년간의 퇴직급여 등은 사용자의 총재산에 대하여 질권 또는 저당권에 의하여 담보된 채권, 조세 · 공과금 및 다른 모든 채권에 우선하여 변제되도록 규정하고 있다.

Chapter **07**

근로시간

직장생활 상식법률

「근로기준법」을 중심으로

01 법정근로시간

근로시간은 근로자가 사용자와의 근로계약상 약정한 내용대로의 근로를 제공하는 시간을 의미한다. 근로계약의 내용대로 근로를 제공하여야 하므로 근로자가 임의로 직장에 일찍 나와서 자유로운 시간을 보내는 것은 근로시간에 해당하지 아니하며, 어디까지나 실제로 근로를 제공하는 시간을 의미한다. 그러나 약정된 근로를 제대로 제공하기 위하여 합리적으로 필요한 시간, 예컨대 출근 후 작업준비를 위하여 필요한 시간 등은 근로시간에 포함된다. 작업 도중의 정전으로 인한 근로 대기시간 등은 모두 근로시간에 포함된다고 보아야 할 것이다. 「근로기준법」 제50조 제3항은 근로시간을 산정함에 있어 작업을 위하여 근로자가 사용자의 지휘 · 감독 아래에 있는 대기시간 등은 근로시간으로 본다고 규정하고 있다.

「근로기준법」 제50조에 의하면 1주간의 근로시간은 휴게시간을 제외하고 40시간을 초과할 수 없고, 1일의 근로시간은 휴게시간을 제외하고 8시간을 초과할 수 없다. 따라서 1일 8시간, 1주 40시간은 「근로기준법」에서 정한 원칙으로서 법정근로시간이라 할 수 있다. 다만 「근로기준법」 제69조는 소년근로자에 대하여 특별 규정을 두어, 15세 이상 18세 미만인 자의 근로시간은 1일에 7시간, 1주일에 40시간을 초과하지 못한다.

이 외에도 「산업안전보건법」에서는 별도의 규정을 두어서 동법 제46조에 의하면, 유해하거나 위험한 작업으로서 대통령령으로 정하는 작업에 종사하는 근로자의 경우 1일 6시간, 1주 34시간을 초과하여 근로하지 못하도록 규정하고 있다.

02 법정근로시간제의 변형

1 탄력적 근로시간제

「근로기준법」 제51조는 탄력적 근로시간제에 대하여 규정하고 있는데, 탄력적 근로시간제는 2주 이내의 단위기간으로 시행되는 것과 3개월 이내의 단위기간으로 시행되는 두 종류가 있다. 먼저, 2주 이내의 단위기간으로 운용되는 탄력적 근로시간제를 살펴보면, 사용자가 취업규칙에 미리 정함으로써 일정한 단위기간을 평균하여 1주간의 근로시간이 주간 40시간을 초과하지 아니하는 범위에서 특정한 주에 주간 40시간을, 특정한 날에 1일 8시간의 근로시간을 초과하여 근로하게 할 수 있다. 다만, 특정한 주의 근로시간은 48시간을 초과할 수 없다.

또 다른 탄력적 근로시간제로서 단위기간 3개월 이내의 탄력적 근로시간제의 경우 사용자와 근로자대표 간의 서면합의에 의하여 이를 시행할 수 있다. 서면합의에 포함되어야 할 사항으로는 대상 근로자의 범위, 단위기간, 단위기간의 근로일과 그 근로일별 근로시간, 그 밖에 대통령령으로 정하는 사항으로서 서면합의의 유효기간 등이다. 이처럼 근로자대표와의 서면합의가 이루어지면 사용자는 3개월 이내의 단위기간을 평균하여 1주간의 근로시간이 40시간을 초과하지 아니하는 범위에서 특정한 주에 40시간의 근로시간을, 특정한 날에 8시간의 근로시간을 초과하여 근로하게 할 수 있다. 다만, 특정한 주의 근로시간은 52시간을, 특정한 날의 근로시간은 12시간을 초과할 수 없다.

위와 같은 탄력적 근로시간제는 15세 이상 18세 미만의 소년근로자와 임신 중인 여성근로자에 대하여는 적용하지 아니한다. 사용자는 탄력적 근로시간제에 의하여 근로자를 근로시킬 경우에는 기존의 임금 수준이 낮아지지 아니하도록 임금보전방안을 강구하여야 한다.

2 선택적 근로시간제

「근로기준법」 제52조는 선택적 근로시간제에 대하여 규정하고 있는데, 선택적 근로시간제라 함은 근로의 시작시각과 종료시각을 근로자가 스스로 결정할 수 있게 하는 제도이다. 앞서 본 탄력적 근로시간제가 사용자의 편의를 위한 측면이 큰 반면, 선택적 근로시간제는 근로자의 편의를 위한 제도라고 할 수 있다. 선택적 근로시간제 역시 앞서 본 탄력적 근로시간제 중 3개월 이내의 단위기간으로 시행되는 탄력적 근로시간제와 마찬가지로 사용자와 근로자 대표와의 서면합의가 필요하다. 선택적 근로시간제를 시행하기 위한 요건으로는 먼저 취업규칙에서 업무의 시작 및 종료 시각을 근로자의 결정에 맡기기로 한 근로자가 정하여져 있어야 하고, 사용자가 근로자대표와의 서면합의에서 대상 근로자의 범위, 1개월 이내의 일정기간으로서의 정산기간, 정산기간의 총근로시간, 반드시 근로하여야 하는 필수 근로시간대의 시작 및 종료 시각, 근로자가 그의 결정에 따라 근로할 수 있는 시간대를 정하는 경우에 그 시작 및 종료 시각, 그 밖에 대통령령으로 정하는 사항으로서 유급휴가 등의 계산 기준으로 사용자와 근로자대표가 합의하여 정한 1일의 근로시간인 표준근로시간 등이 정하여져야 한다. 이와 같은 요건을 모두 갖추면 1개월 이내의 정산기간을 평균하여 1주간의 근로시간이 40시간을 초과하지 아니하는 범위에서 특정한 주에 40시간의 근로시간을, 특정한 날에 8시간의 근로시간을 초과하여 근로하게 할 수 있다. 위와 같은 선택적 근로시간제는 15세 이상 18세 미만의 소년근로자에 대하여는 적용하지 아니한다.

03 / 연장근로

「근로기준법」 제53조는 연장근로에 관하여 규정하고 있는데, 연장근로는 앞서 본 법정근로시간을 초과하는 근로를 의미한다. 연장근로 여부를 판단할 때에 기준이 되는 법정근로시간은 변형된 법정근로시간제로서 탄력적 근로시간제 및 선택적 근로시간제를 모두 포함한다. 따라서 탄력적 근로시간제 내지는 선택적 근로시간제의 경우 단위기간 내지 정산기간을 평균하여 1주간의 근로시간이 40시간을 초과하는 경우가 연장근로에 해당한다.

우리 「근로기준법」은 당사자 간에 합의하면 1주간에 12시간을 한도로 제50조 소정의 법정근로시간을 연장할 수 있다고 규정하고 있다. 법정근로시간의 변형인 탄력적 근로시간제와 선택적 근로시간제 역시 1주간 12시간을 한도로 이를 연장할 수 있다. 탄력적 근로시간제의 경우 당사자 간에 합의가 있으면 1주간에 12시간을 한도로 근로시간을 연장할 수 있을 뿐만 아니라, 선택적 근로시간제 역시 당사자 간에 합의가 있으면 정산기간을 평균하여 1주간에 12시간을 초과하지 아니하는 범위에서 근로시간을 연장할 수 있다. 이 외에도 사용자는 특별한 사정이 있으면 1주간 12시간을 한도로 연장한 근로시간을 재차 연장할 수 있다. 여기서 특별한 사정이 인정되는 경우는 「근로기준법 시행규칙」에서 규정하고 있는데, 동 규칙 제9조에 의하면 해당 사업 또는 사업장에서 자연재해와 재난관리법에 따른 재난 또는 이에 준하는 사고가 발생하여 이를 수습하기 위한 연장근로를 피할 수 없는 경우로 한정하여 근로시간 재차 연장을 허용한다. 다만 이때에는 반드시 사전에 고용노동부 장관의 인가와 근로자의 동의를 받아야 한다. 다만, 사태가 급박하여 고용노동부 장관의 인가를 받을 시간이 없는 경우에는 사후에 지체 없이 승인을 받아야 한다. 고용노동부 장관은 위와 같이 재차 연장한 근로시간의 연장이 부적당하다고 인정하면 그 후 연장시간에 상당하는 휴게시간이나 휴일을 줄 것을 명할 수 있다.

연장근로를 위하여 당사자 간의 합의가 필요한데 이때 합의의 방식에 대하여는 원칙적으로 사용자와 근로자 간의 개별적 합의를 의미하는 것으로 해석되지만, 개별 근로자의 연장근로에 관한 합의권을 박탈하거나 제한하지 아니하는 범위에서의 단체협약에 의한 합의도 가능하다. 개별 근로자와의 연장근로에 관한 합의는 반드시 연장근로 시마다 해야 하는 것은 아니고, 근로계약 등으로 미리 약정을 하는 것도 가능하다. 판례[1]에 의하면, 개개의 근로자들이 회사와의 근로계약을 체결함에 있어 1일 근로시간을 10시간으로 정하거나 또는 연장근로 여부를 회사방침에 일임한다는 내용의 근로계약을 체결하고 입사하였고, 회사와 노동조합 간의 단체협약에서는 “1일 근무시간이 10시간을 초과할 경우에는 사전에 근

1 대법원 1993. 12. 21. 선고 93누5796 판결.

무시간 및 교대조의 편성을 조합과 협의하여 시행한다."는 규정을 두고 있는 경우, 이러한 단체협약상의 규정은 10시간을 초과하는 연장근로의 경우에만 노동조합과의 협의를 요하고 10시간 이하의 연장근로를 함에 있어 노동조합과의 협의를 거칠 필요가 없다는 취지를 규정한 것이 아니라, 다만 10시간 이상의 연장근로를 할 경우에는 「근로기준법」에 따라 노동조합과의 협의를 요한다는 것을 주의적으로 규정한 것에 불과한 것이라고 한다. 연장근로를 하기 위한 요건으로서 당사자 간의 합의라 함은 원칙적으로 사용자와 근로자와의 개별적 합의를 의미하는 것으로 풀이되고, 개별 근로자의 연장근로에 관한 합의권을 박탈하거나 제한하지 아니하는 범위에서는 단체협약에 의한 합의도 가능하므로 위 회사의 단체협약 규정은 근로자와의 합의 여부를 떠나 근로자에게 일방적으로 1일 10시간을 초과하지 않는 범위 내의 연장근로의무를 지우는 것으로 볼 수는 없으므로, 비록 1일 10시간을 초과하지 않는 범위 내의 연장근로에 대하여는 노동조합과 협의를 거칠 필요가 없는 것으로 해석된다 하더라도 개별 근로자와는 이미 별도의 연장근로에 관한 합의를 한 이상 위와 같은 단체협약의 규정은 연장근로에 관한 근로자의 합의권을 박탈하거나 제한한 것이 아니라는 것이다.

연장근로 수당지급에 관하여, 「근로기준법」 제56조는 연장근로에 대하여 통상임금의 100분의 50 이상을 가산하여 지급하도록 규정하고 있다. 이 외에도 오후 10부터 오전 6시까지의 야간근로 또는 휴일근로 또한 통상임금의 100분의 50 이상을 가산하여 지급하여야 하고, 연장근로가 야간 내지 휴일 근로와 겹치는 경우에는 사용자는 근로자에게 연장근로에 대한 수당 외에도 야간 및 휴일근로에 대한 수당도 모두 지급하여야 한다.[2]

2 대법원 1991. 3. 22. 선고 90다6545 판결.

Chapter 08

휴게, 휴일, 휴가

직장생활 상식법률

「근로기준법」을 중심으로

01 휴게, 휴일, 휴가의 개관

우리 「근로기준법」은 휴게, 휴일, 휴가에 관한 규정들을 두고 있다. 먼저 휴게 규정을 살펴보면, 「근로기준법」 제54조에 의하면 사용자는 근로시간이 4시간인 경우에는 30분 이상, 8시간인 경우에는 1시간 이상의 휴게시간을 근로자에게 제공할 의무가 있다. 휴게시간은 반드시 근로시간 도중에 주어야 하는데, 이는 근로시간의 맨 처음이나 마지막에 휴게시간을 두어서 휴게시간을 제대로 사용하지 못하거나, 혹은 일정한 시간 근로를 하면서 도중에 한 번의 휴식도 없이 계속 근로함으로써 근로자의 육체적 · 정신적 건강을 해칠 것을 방지하기 위하여서이다. 휴게시간은 근로자가 자유롭게 이용할 수 있어야 하므로, 휴게시간 중에도 근로자가 사용자의 지휘 · 감독하에서 실제의 근로와 같은 상태에 놓여 있게 한다면 이는 휴게시간으로 인정될 수 없다.

이 외에도 「근로기준법」은 휴일 규정을 두고 있는데 「근로기준법」 제55조에 의하면, 사용자는 근로자에게 1주일에 평균 1회 이상의 유급휴일을 줄 의무가 있다. 휴일은 근로자가 사용자의 지휘 · 감독으로부터 완전히 벗어나서 근로의무가 면제되는 날을 의미하며, 여기서 유급휴일이라 함은 근로자가 근로계약상의 근로의무가 면제되더라도 임금을 지급받는 것을 의미한다. 다만, 주 1회 유급휴일 규정은 1주 동안 소정의 근로일을 개근한 근로자에게만 주어지는 것이므로 소정의 근로일을 개근하지 아니한 근로자에게는 주 1회 유급휴일 청구권이 인정되지 아니한다. 판례[1]에 의하면 교대제 근무기간 중의 비번일은 전날의 근무일에 정상적인 근무가 이루어진 경우에 인정되는 휴일로서 정상적인 근무 여부와는 상관없이 인정되는 휴일이 아니다. 정직 및 직위해제기간을 연차 유급휴가 산정에 있어 소정 근로일수에 포함시키되 출근일수에서 제외하는 취업규칙은 「근로기준법」 규정보다 근로자에게 불리한 것이라고 볼 수 없다는 판례[2]도 있다.

휴일근로는 연장근로와 마찬가지로 통상임금의 100분의 50 이상 임금을 가산 지급하는데, 이때 휴일의 의미는 「근로기준법」 제55조 소정의 주 1회 유급휴일이 아닌 법정공휴일이라도 단체협약이나 취업규칙에 의하여 휴일로 정하여져 있어서, 근로자가 근로할 의무가 없는 것으로 사용자와 근로자 모두에게 인식되어 있는 날은 포함된다.[3] 다만, 단체협약 등에서 특정된 휴일을 근로일로 하고 대신 통상의 근로일을 휴일로 교체할 수 있도록 하는 규정을 두거나 근로자의 동의를 얻어 위와 같이 휴일을 교체한 경우, 미리 근로자에게 교체할 휴일을 특정하여 고지하면 적법한 휴일대체가 되므로 이러한 경우에는 원래의 휴일은 통상의 근로일이 되고 그날의 근로는 휴일근로가 아닌 통상근로가 되므로 사용자는 근로자에게 휴일근로수당을 지급할 의무를 지지 않는다.[4]

1 대법원 1996. 11. 26. 선고 95누17571 판결.

2 대법원 2008. 10. 9. 선고 2008다41666 판결.

3 대법원 1991. 5. 14. 선고 90다14089 판결.

02 연차 유급휴가

연차 유급휴가는 1년간 계속 근로한 근로자가 휴가를 받되 이를 유급으로 받는 것을 의미한다. 우리 「근로기준법」 제60조 제1항에 의하면 사용자는 1년간 80퍼센트 이상 출근한 근로자에게 15일의 유급휴가를 주어야 한다. 따라서 유급휴가 15일을 사용하려면 원칙적으로 근로자는 1년간 근무하여야 하고, 그 중 80퍼센트 이상 출근한 경우에만 연차 유급휴가 사용권이 있다. 다만, 근로기간이 1년 미만인 근로자의 경우 연차 유급휴가권이 전혀 인정되지 아니하는 것이 아니라, 같은 조 제2항에 의하여 근로자가 1개월 개근 시 1일의 유급휴가를 받을 권리가 있다. 따라서 처음 입사하여 계속 근로기간이 1년이 되지 않지만 8개월을 계속 근로한 근로자라면 8개월에 해당하는 8일을 연차 유급휴가로 청구할 권리가 있다. 이 경우 사용자는 처음 입사하여 근무 1년차인 근로자에 대하여 유급휴가를 주는 경우에는 총 유급휴가 일수 15일 중에서 위와 같이 계속근무기간 1년이 되기 전에 개근한 개월 수에 따라 미리 사용한 휴가일수를 뺀 나머지 일수를 유급휴가로 인정한다. 사용자는 3년 이상 계속하여 근로한 근로자에게는 근무기간 최초 1년을 초과하여 매 2년씩 계속 근로 연수가 늘어날 때마다 1일을 가산한 유급휴가를 주어

4 대법원 2008. 11. 13. 선고 2007다590 판결, 대법원 2000. 9. 22. 선고 99다7367 판결.

야 한다. 따라서 계속 연수 2년 증가 시마다 최초의 연차 유급휴가 일수인 15일에 1일씩을 가산하게 되는데, 이 경우 가산한 최대 연차 유급휴가 일수 한도는 25일이다. 연차 유급휴가를 인정하기 위하여 필요한 출근 일수를 산정함에 있어 근로자가 업무상의 부상 또는 질병으로 휴업한 기간, 임신 중의 여성이 「근로기준법」 소정의 출산전후보호휴가로 인하여 휴업한 기간은 출근한 것으로 본다.

연차 유급휴가 사용권자는 근로자이므로 근로자는 자신이 원하는 시기에 사용할 권리가 있다. 따라서 사용자는 근로자가 청구한 시기에 휴가를 보내 줄 의무가 있다. 다만, 근로자가 청구한 시기에 휴가를 주는 것이 사업운영에 막대한 지장이 있는 경우에는 사용자가 그 시기를 변경할 수 있다. 사용자의 휴가시기 변경권은 반드시 사업운영에 막대한 지장이 있어야 한다는 요건을 충족할 때에만 행사할 수 있다. 사업운영의 막대한 지장 여부에 대한 판단은 사용자의 주관적 판단이 아닌 객관적 기준에서 인정되어야 한다. 연차 유급휴가는 어디까지나 유급인 만큼 그에 상응하는 임금을 지급하여야 하는데 우리 「근로기준법」은 통상임금 또는 평균임금을 지급하도록 규정하고 있고, 이러한 임금지급에 대하여는 취업규칙 등에서 정할 수 있다. 근로자의 연차 유급휴가권은 사용자의 귀책사유로 사용하지 못한 경우를 제외하고 1년간 행사하지 아니하면 소멸된다.

사용자는 근로자의 연차 유급휴가의 사용을 촉진하기 위하여 휴가사용기간인 1년이 경과하기 전 6개월을 기준으로 10일 이내에 근로자별로 사용하지 아니한 휴가 일수를 알려 주고 근로자가 그 사용 시기를 정하여 사용자에게 통보하도록 서면으로 촉구하고, 이러한 촉구에도 불구하고 근로자가 촉구를 받은 때부터 10일 이내에 사용하지 아니한 휴가의 전부 또는 일부의 사용 시기를 정하여 사용자에게 통보하지 아니하면, 1년의 휴가사용기간이 끝나기 2개월 전까지 또다시 사용자가 근로자의 사용하지 아니한 휴가의 사용 시기를 정하여 근로자에게 서면으로 통보 조치를 하고, 그럼에도 불구하고 근로자가 휴가를 사용하지 아니한 채 1년이 경과하여 휴가사용권이 소멸된 경우에는, 그 사용하지 아니한 휴가에 대하여 사용자는 근로자에게 보상할 의무가 없다. 근로자의 휴가사용을 촉진하는 제도는 근로자가 제대로 된 휴식을 취하도록 하려는 것이다. 이 외에도 사용자는 근로자대표와의 서면합의에 따라 연차 유급휴가일을 갈음하여 특정한 근로일에 근로자를 휴무시킬 수 있다. 근로자가 휴가를 사용하지 아니하고 근로한 경우 유급으로 당연히 지급되는 임금에 더하여 당해 유급휴가를 사용할 경우 받았을 소정의 통상임금 또는 평균임금을 지급받을 권리가 있다. 이러한 권리는 근로자가 휴가를 사용하지 못하고 퇴직하더라도 인정된다.[5]

5 대법원 1991. 7. 26. 선고 90다카11636 판결.

Chapter 09

인사배정

직장생활 상식법률

「근로기준법」을 중심으로

사용자는 근로자에 대하여 인사권을 행사할 수 있는데, 사용자의 인사권 행사는 일반적으로 전직, 전근, 전출, 전적의 네 종류로 나누어 볼 수 있다. 전직은 동일한 사업장 내에서 맡은 업무를 변경시키는 것을 의미하고, 전근은 동일한 사업체 내에서도 다른 사업장에서 근무하도록 근무장소를 바꾸는 것을 의미하는[1] 한편, 전출과 전적은 다른 사업장에서 근무하도록 한다는 점에서 동일한 사업체 내에서 이루어지는 전직 내지 전근과는 법리를 달리한다.

01 / 전 직

일반적으로 사용자가 동일한 사업장 내에서 근로자를 필요한 업무에 배치 전환하는 것은 사용자의 권한으로 인정되고 있다. 「근로기준법」 제23조 제1항은 전직에 있어서 정당한 이유를 요건으로 하고 있는데, 회사 경영상의 필요성이 있고 근로자가 업무수행에 필요한 능력과 적응력을 가지고 있다고 인정되면 일반적으로 전직의 정당한 이유가 있다고 인정된

1 전직과 전근을 하나의 개념으로 포괄하여 설명하기도 함: 김유성, 『노동법 1』, 법문사, 2005, 245쪽; 이철수 · 김인재 · 강성태 · 김홍영 · 조용만, 『로스쿨노동법』, 도서출판 오래 2016, 139-140쪽.

다. 근로자가 단기간의 교육이나 훈련 등을 통해서 새로운 직종에 필요한 기술이나 능력을 함양하는 데에 큰 지장이 없다면 전직은 정당한 것으로 인정되고, 이러한 경우 전직 대상 근로자에 대한 교육 · 훈련은 사용자의 의무이다. 다만, 근로계약의 체결 시점부터 근로자의 직종이 특정된 경우 또는 근로자가 옮겨 가려는 직종이 특별한 기술이나 자격을 요해서 근로자가 단기간의 교육 · 훈련만으로는 새로운 직무를 수행하기에 부적합한 경우 등은 전직의 정당한 이유가 있다고 보기 어렵다. 언론사가 사전에 협의나 동의 절차 없이 경영진에 비판적인 입장을 취하였던 기자직 직원을 업무직 직원으로 전직 발령하고 신규로 기자직 직원을 채용한 경우, 타 직종으로의 일방적 배치전환명령을 법원은 무효로 판단[2]하였다. 호텔의 전화교환원으로 입사한 근로자가 교환주임의 지시를 위반하고 모욕적인 발언을 하였다는 이유로 사전 동의나 협의 없이 객실부 소속 오더테이커로 전보한 인사명령을 거부한 행위는 해고사유로 삼을 수 없다고 본 사례[3]가 있고, 지방공사인 의료원에서 약제과장으로 근무하던 근로자에 대한 보직을 일반 약사로 변경하는 인사발령을 한 사안에서 근로자는 약제과장에서 약사로 보직이 변경되어 직무와 정년 등의 점에서 현저한 불이익을 받는 반면에 경영 혁신의 차원에서 인원을 감축하기 위한 방편으로 그 정년을 단축하려고 하였다는 사용자 측 주장 사유만으로는 그 처분을 하여야 할 업무상의 필요성이 있었다고 인정하기 어렵다는 이유로 그 보직변경처분

---

2 대법원 2000. 4. 11. 선고 99두2963 판결.

3 대법원 1993. 9. 28. 선고 93누3837 판결.

은 재량권을 남용한 것으로 무효라고 본 사례[4]가 있다.

02/ 전 근

전근을 사용자가 인사권의 일환으로서 행사할 수 있느냐 여부에 대하여는 견해가 나뉘는데, 인사권은 사용자의 경영권에 근거한 사용자에게 고유한 권한으로서 인사권의 일종인 전근은 당연히 사용자의 권리라고 보는 경영권설, 내지 근로자는 사용자와의 근로계약을 체결함에 있어 인사권에 대하여도 포괄적 합의를 하게 되므로 특단의 사정이 없는 한 근로자는 포괄적으로 합의하여 준 인사권에 따라야 한다는 포괄적 합의설과, 개개의 전근은 별개의 계약을 요하는 사항으로서 근로계약과는 별도로 근로자의 동의를 요한다는 계약설로 나뉜다. 전직이나 전보는 원칙적으로 사용자의 권한에 속하여 업무상 필요한 범위 안에서 상당한 재량을 인정하여야 하고, 이것이 「근로기준법」 위반 혹은 인사권 남용에 해당하는 등의 특별한 사정이 없는 한 무효라 할 수 없고, 업무상 필요성이 있

4 대법원 1998. 1. 20. 선고 97다29417 판결.

는 이상 전보명령에 근로자의 동의를 요한다고 할 수 없으며, 전보명령의 업무상 필요성과 그로 인해 근로자가 입게 될 생활상의 불이익을 비교·형량하여 근로자가 입을 불이익이 사회통념상 통상의 전보에 따른 정도를 현저히 넘어서지 않는 한 인사권 남용이 아니라는 것이 판례[5]의 일반적인 입장이어서 현재 우리 판례는 경영권설에 입각한 것으로 보인다.

03/ 전 출

전출은 근로자가 자신이 소속한 사업체가 아닌 다른 사업체에서 장기간 근무하는 것을 의미한다. 소속은 자신이 근로계약을 체결한 사업체에 소속되어 있지만 오랜 기간 다른 사업체에서 근무를 한다는 점에서 출장이나 파견사업체의 근로자와는 구별되는 개념이다. 전출은 사용자의 인사권의 일종이기는 하지만, 단순히 동일 사업체 내에서의 배치전환 문제인 전직이나 전근과 달리 원래 기업과 전출 기업의 합의만으로는 가능하지 아니하다. 전출은 근로자의 동의를 원칙적으로 요한다. 다만, 근로자의

5 대법원 1995. 10. 13. 선고 94다52928 판결.

사전적 포괄적 동의가 있거나, 근로관계의 전개과정에서 경영관행상 근로자의 포괄적 동의가 추단되면 동의가 있는 것으로 해석 가능한 경우가 있다. 전출이 이루어질 경우 근로자로서는 자신이 원래 소속된 사업체와의 기본적 근로계약관계는 존재하지만 전출 사업체에서 실제 근무가 이루어지므로 취업규칙 중에서도 근무수칙 등은 전출 사업체의 규정을 따르는 것이 원칙이다. 전출기간은 모두 근속연수에 포함되며, 급여는 경우에 따라 원소속 사업체 혹은 전출 사업체에서 부담하는 경우로 나뉜다.

04/ 전 적

전적은 근로자가 원래 소속된 사업체에서 소속을 완전히 바꾸어 새로운 사업체로 옮겨 가는 것이다. 근로자가 자의로 직장을 바꾸는 이직과는 다른 개념으로, 사용자에 의하여 근로자가 소속 사업체를 바꾸는 것이다. 전적은 원래 소속된 사업체는 사직하고 새로운 사업체에 취업한다는 점에서 종전의 모든 근로관계에 따른 법적 관계를 종료하는 것이 원칙이지만, 전적 이전과 이후의 양 사업체와 근로자 간의 특별한 합의에 의하여 근속연수 등을 그대로 인정받는 것도 가능하다. 판례[6]도 같은 입장이어서, 당사자 사이에 종전 기업과의 근로관계를 승계하기로 하는 특약이 있거나 이적하게 될 기업의 취업규칙상 종전 기업 근속기간 통산 규정이 있는 등 특별한 사정이 없는 한, 전적 근로자와 종전 기업과의 근로관계는 단절되는 것이고, 이적하게 될 기업이 당해 근로자의 종전 기업과의 근로관계를 승계하지 아니한다고 본다.

전적은 전출보다도 근로자에게 더 불리한 인사권 행사가 될 수 있으므로 반드시 근로자의 동의를 요한다. 이 경우 근로자의 명시적 동의가 있는 경우는 당연히 문제가 없지만, 명시적 동의를 얻지 못한 경우 묵시적 · 포괄적 동의로도 전적이 허용되는지 여부가 문제될 수 있다. 일반적으로 동일 기업군 내에서의 전적이냐 아니면, 외부 기업으로의 전적이냐로 나누어, 외부 기업으로의 전적은 반드시 개별적 · 명시적 동의를 요한다고 보는 반면, 동일 기업군 내에서의 전적은 고용계약 당시 혹시 근무기간 중에 이러한 사정을 감안하여 묵시적 · 포괄적 동의가 있었다고 볼 수 있는 경우 이를 허용하되, 포괄적 사전 동의 여부의 해석을 엄격히 하여야 하므로 근로자의 동의 없이 전적이 가능한 관행이 기업 내에서 근로관계를 규율하는 규범적 사실로 명확히 승인되거나, 기업의 구성원이 이의제기 없이 당연한 것으로 받아들여 기업 내에서 전적이 사실상의 제도로 확립되어 있어야 한다.[7]

---

6 대법원 1996. 12. 23. 선고 95다29970 판결.

7 대법원 1993. 1. 26. 선고 92다11695 판결.

Chapter 10

징 계

직장생활 상식법률

「근로기준법」을 중심으로

직장생활을 함에 있어 사용자는 기업의 질서유지가 필요한 만큼 징계를 하는 경우가 있는데 징계는 근로자의 입장에서는 불이익처분을 받는 것이므로 이에 대한 법적 근거와 그 정당성의 요건 등을 엄격히 검토할 필요가 있다. 징계가 정당성 요건을 흠결한다면 이는 부당징계로서 근로자는 구제되어야 한다. 이하에서는 징계의 종류와 법적 근거 및 그 정당성 요건 등을 차례로 살펴보고자 한다.

01 / 징계의 종류와 법적 근거

일반적으로 징계의 종류에는 견책 · 감봉 · 정직 · 해고 등이 있는데, 우리 「근로기준법」은 제23조 제1항에서 사용자가 근로자에게 해고 · 휴직 · 정직 · 전직 · 감봉, 그 밖의 징벌을 하기 위하여서는 정당한 이유가 있어야 한다고 규정하고 있다. 여기서 그 밖의 징벌의 의미는 「근로기준법」 제23조 제1항에서 나열하고 있는 일반적인 징계의 종류들인 해고 · 휴직 · 정직 · 전직 · 감봉을 제외한 처분으로서 사용자가 당해 근로자에게 제재로서 가하는 불이익한 처분[1]을 의미하고, 근로계약관계에서 일반적으로 일어날 수 있는 모든 불이익한 처분을 의미하는 것은 아니다. 사용자의 징계권의 근거와 관련하여서는 학설이 나뉘는데, 사용자의 경영권으로서의 고유권 내지 지시권에 근거하여 징계권을 행사할 권한이 있다는 학설과 근로계약 체결에 있어 징계 규정이 포함된 취업규칙도 계약의 내용에 포함되므로 사용자의 징계권은 계약에 근거한다는 계약설 및 사용자의 징계권은 취업규칙에 근거한 것으로서 취업규칙은 법규범적 성격을 가지는 것인 만큼 사용자의 징계권 또한 법규범으로서의 효력을 가진다는 학설[2] 등이 있다. 우리 판례[3]는 일반적으로 징계권의 근거에 대하여 법규범설의 입장에 서 있는 것으로 보인다.

02 징계의 실체적 정당성 요건

징계의 정당성 요건은 크게 실체적 정당성 요건과 절차적 정당성 요건으로 나뉘는데, 실체적 정당성 요건은 징계의 정당한 이유가 있음을 요

1 이철수 · 김인재 · 강성태 · 김홍영 · 조용만, 『로스쿨노동법』, 도서출판 오래, 2016, 152쪽.

2 이상윤, 『노동법』, 법문사, 2011, 386-387쪽; 김유성, 『노동법 1』, 법문사, 2005, 260-261쪽; 김형배, 『노동법』, 박영사, 2015, 590-591쪽.

3 대법원 1999. 3. 26. 선고 98두4672 판결, 대법원 1997. 6. 13. 선고 97다13627 판결.

한다. 취업규칙이나 단체협약 등에 징계에 관한 규정이 있고 징계해고의 정당한 이유가 제한적으로 열거되어 있는 경우 열거된 이유 이외의 징계사유로써 징계를 할 수 없으며,[4] 징계를 함에 있어서는 애초에 징계사유로 삼은 부분에 대하여서만 그 정당성 판단을 할 수 있는 것이 원칙이다. 따라서 취업규칙 등에서 징계의 한 종류로서 대기발령사유를 규정하고 있는 경우 대기발령처분의 정당성 여부를 판단함에 있어 사유의 정당성은 어디까지나 대기발령처분에서 징계사유로 삼은 부분에 국한하여 이를 판단하여야 하고, 이와는 전혀 별개의 사유까지를 포함하여 징계처분의 당부를 판단할 수는 없다.[5] 징계시효가 지나서 더 이상 징계의 사유가 될 수 없는 과거의 비위행위라도 징계처분 시점에 존재하는 별도의 징계사유에 더하여 징계양정의 참작자료로는 삼을 수 있다.[6]

이하에서는 실체적 정당성 요건을 주요 징계사유별로 나누어 본다.

1 근무성적불량 및 업무명령위반

회사의 취업규칙 등에서 정하고 있는 업무명령에 위반한 경우 징계사유가 될 수 있다. 취업규칙에서 견책의 징계처분을 당한 근로자는 시말서 제출의무가 있음을 규정하고 있는 상황에서, 견책의 징계처분을 받은

4 대법원 1993. 11. 9. 선고 93다37915 판결.
5 대법원 2000. 6. 23. 선고 98다54960 판결.
6 대법원 1995. 9. 5. 선고 94다52294 판결.

근로자가 이에 따른 시말서 제출의무를 이행하지 아니한 경우 시말서 불제출은 그 자체가 사용자의 업무상 정당한 명령을 거부한 것으로서 새로운 징계사유가 될 수 있다.[7] 다만, 취업규칙상 규정된 업무명령을 위반하였다 하더라도 그것이 일반적인 징계의 사유가 될 수는 있지만 징계 중에서도 가장 중한 정도의 것인 해고까지 가능한 징계사유가 될 수 있느냐에 대하여는, 징계해고의 사유는 일반적으로 사회통념상 고용관계를 계속할 수 없을 정도로 근로자에게 책임 있는 사유가 있는 경우에 행하여져야 그 정당성이 인정되는 것이고, 사회통념상 당해 근로자와의 고용관계를 계속할 수 없을 정도인지의 여부는 당해 사용자의 사업의 목적과 성격, 사업장의 여건, 당해 근로자의 지위 및 담당직무의 내용, 비위행위의 동기와 경위, 이로 인하여 기업의 위계질서가 문란하게 될 위험성 등 기업질서에 미칠 영향, 과거의 근무태도 등 여러 가지 사정을 종합적으로 검토하여 판단되어야 한다.[8]

2 근로계약상의 의무위반

근로계약에 따른 근로자의 주된 의무인 근로제공의무 불이행은 당연히 징계의 사유가 된다. 이 외에도 직접적인 근로제공의무 불이행은 아

7 대법원 1995. 3. 3. 선고 94누11767 판결.
8 대법원 2006. 11. 23. 선고 2006다48069 판결.

니더라도 근로자로서 회사의 기밀을 누설하거나 회사를 폄하하여 품위를 손상시키는 등의 행위를 한 경우 모두 징계의 정당한 이유가 될 수 있다. 근로자의 회사 비방행위는 특히 징계의 정당한 이유가 될 수 있는지 여부와 관련하여 근로자의 의사표현의 자유를 부당하게 제한할 수 없다는 점이 문제가 된다. 판례에 의하면, 근로자가 내부통신망에 글을 작성하여 게시함에 있어 전체적으로 보아 모두 사실에 근거한 내용으로서 다소간 사용자의 개인적 명예를 훼손하는 표현이 있다 하더라도 자의적 인사폐해를 방지하여 달라고 건의하는 취지의 내용이라면 이는 정당한 징계사유에 해당하지 아니한다[9]고 본 반면, 뚜렷한 자료도 없이 사용자를 수사기관에 고소 · 고발하거나 그에 대한 인격을 비난하는 내용까지 담긴 진정서 등을 타 기관에 제출하는 행위는 징계사유가 되고, 공개석상에서 진실과 다른 내용이나 과장된 내용을 가지고 회사를 비방하는 행위도 정당한 징계사유가 된다.[10]

3 범죄행위 내지 비행

일반적으로 범죄행위 내지 비행을 하였다는 이유만으로 근로자가 징계처분을 당하는 정당한 이유가 되지는 않지만, 범죄행위 내지 비행이 사업장 내에서 행하여져서 기업질서를 문란하게 하거나 정상적인 근로

9 대법원 2002. 1. 27. 선고 2010다100919 판결.

10 대법원 1995. 3. 3. 선고 94누11767 판결.

제공이 이루어지지 못하는 등의 사정이 있으면 이는 징계의 정당한 이유가 된다. 회사 근무 질서를 저해하는 사원들의 폭력행위 등에 대하여 이를 징계해고 대상으로 삼을 수 있다고 정한 단체협약 등의 징계 규정에 근거하여, 근로자가 다른 근로자를 탁자 위에 뛰어올라 발로 턱을 차서 쓰러뜨리고 주먹으로 얼굴을 때리는 등 폭행을 가하여 약 3주간의 치료를 요하는 상해를 입히고 그로 인하여 형사처벌까지 받았다면, 그 비행의 동기와 경위 등에 비추어 다른 특별한 사정이 없는 한 사회통념상 고용계약을 계속 존속시킬 수 없을 정도의 책임 있는 사유가 존재하는 경우에 해당한다고 보아 그에 대한 해고처분이 정당하다고 본 사례[11]가 있다. 이 외에도 회사 내 기물파손, 절도, 횡령 등의 범죄행위는 모두 정당한 징계의 이유가 된다.

4 위법한 쟁의행위

쟁의행위는 원래 「헌법」상 보장되는 노동 3권의 하나인 단체행동권에 근거한 것으로서, 근로자의 정당한 쟁의행위에 대하여는 민형사상 면책되어야 한다. 그러나 쟁의행위가 위법한 경우 즉, 쟁의의 목적, 주체, 방법, 절차 등이 「노동조합 및 노동관계조정법」 소정의 요건에 맞지 아니한 경우에는 이러한 위법한 쟁의행위는 징계의 정당한 이유가 될 수 있

11 대법원 1992. 3. 13. 선고 91다39559 판결.

다. 쟁의행위가 폭력을 수반하거나 반사회적인 경우[12]이거나, 개인의 주거와 생활의 평온이 보장되어야 할 곳에서 사회통념상 용인 한계를 넘은 위법한 쟁의행위를 한 경우 모두 징계의 이유가 될 수 있다.

5 경력사칭

경력사칭으로 인한 징계의 정당한 이유 인정 여부에 대하여는 견해가 나뉜다.[13] 즉, 징계는 근무를 시작한 이후 근로자의 책임 있는 사유로서 징계처분을 할 정당한 이유가 있는 경우에만 허용되어야 한다는 입장에서 경력사칭은 징계의 정당한 이유가 될 수 없지만, 판례는 경력사칭을 징계의 정당한 이유로 인정하는 입장이다. 사용자는 기업질서를 확립하고 유지하는 데 필요하고도 합리적인 것으로 인정되는 한 근로자의 기업질서 위반행위에 대하여 「근로기준법」 등의 관련 법령에 반하지 않는 범위 내에서 이를 규율하는 취업규칙을 제정할 수 있고, 단체협약에서 규율하고 있는 기업질서 위반행위 외의 근로자의 기업질서에 관련된 비위행위에 대하여 이를 취업규칙에서 해고 등의 징계사유로 규정하는 것은 원래 사용자의 권한에 속한다는 것이다. 따라서 단체협약에서 "해고에 관하여는 단체협약에 의하여야 하고 취업규칙에 의하여 해고할 수 없다."고

12 대법원 1994. 3. 22. 선고 93다30242 판결.

13 김유성, 『노동법 1』, 법문사, 2005, 282쪽; 김형배, 『노동법』, 박영사, 2015, 604쪽; 임종률, 『노동법』, 박영사, 2016, 514쪽.

규정하는 등 근로자를 해고함에 있어서 해고사유 및 해고절차를 단체협약에 의하도록 명시적으로 규정하고 있거나 동일한 징계사유나 징계절차에 관하여 단체협약상의 규정과 취업규칙 등의 규정이 상호 저촉되는 경우가 아닌 한 사용자는 취업규칙에서 단체협약 소정의 해고사유와는 관련이 없는 새로운 해고사유를 정할 수 있으며, 비록 단체협약에서 해고사유와 해고 이외의 징계사유를 나누어 구체적으로 열거하고 있다 하더라도 취업규칙에서 이와 다른 사유를 해고사유로 규정하는 것이 단체협약에 반하는 것이라고 할 수 없다는 전제하에, 기업이 근로자를 고용하면서 학력 또는 경력을 기재한 이력서나 그 증명서를 요구하는 이유는 단순히 근로자의 근무능력 즉 노동력을 평가하기 위해서만이 아니라 노사 간의 신뢰 형성과 기업질서 유지를 위해서는 근로자의 지능과 경험, 교육정도, 정직성 및 직장에 대한 정착성과 적응성 등 전인격적 판단을 거쳐 고용여부를 결정한 필요가 있으므로 그 판단자료로 삼기 위한 것인데, 이와 같은 목적으로 제출이 요구되는 이력서에 허위의 경력을 기재한다는 것 자체가 그 근로자의 정직성에 대한 중요한 부정적인 요소가 됨은 물론, 기업이 고용하려고 하는 근로자들에 대한 전인격적인 판단을 그르치게 하는 것이므로 근로자의 채용 시 허위경력기재행위 내지 경력은폐행위를 징계해고사유로 규정하는 취업규칙 등은 허위사항의 기재가 작성자의 착오로 인한 것이거나 그 내용이 극히 사소하여 그것을 징계해고사유로 삼는 것이 사회통념상 타당하지 않다는 등의 특별한 사정이 있는 경우까지에도 적용되지 않는 한, 정당한 해고사유를 규정한 것으로 유효하고 이에 따른 징계해고는 정당하다는 것이 판례[14]의 입장이다.

03 징계의 절차적 정당성 요건

징계가 절차적으로 정당하기 위한 일반적인 요건으로서는 징계의 요건과 그에 상응하는 징계의 종류를 근로자들이 숙지하고 있고, 징계처분이 소정의 적법한 절차에 의하여 이루어져야 하고, 징계처분의 과정에서 대상이 되는 근로자에게 소명의 기회가 충분히 보장되어야 한다는 것이다. 이 중에서도 가장 핵심은 근로자에게 소명의 기회를 보장하는 것인데, 일반적으로 징계에 관한 절차가 회사 내 단체협약 내지 취업규칙 등에 구체적으로 정하여져 있는 경우 이를 따르지만, 별도의 징계관련 절차 규정이 마련되어 있지 아니한 경우 특별한 징계절차를 거침이 없이 일방적으로 해고를 구두 통보하였다 하더라도 절차상의 하자를 문제 삼기는 어렵다는 것이 판례[15]의 입장이다. 다만 이처럼 구체적인 징계절차가 정하여지지 아니한 경우라 하더라도 절차적 정당성이 인정되기 위한 핵심 요건은 근로자의 소명기회 보장이므로 어떠한 경우에도 징계 대상이 된 근로자가 자신의 징계사유를 고지 받아 이에 대한 소명을 할 수 있는 기회를 보장하여야 한다.

14 대법원 2000. 6. 23. 선고 98다54960 판결, 대법원 1999. 3. 26. 선고 98두4672 판결.

15 대법원 1998. 11. 27. 선고 97누14132 판결.

1 징계절차가 규정되어 있는 경우

일반적으로 사업장 내에 노사협정, 단체협약이나 취업규칙 등에 징계절차가 규정되어 있는 경우 이를 따라야 하며, 규정된 징계절차를 따르지 아니하는 경우 징계의 절차적 요건 위반으로서 징계는 부당하여 무효이다.[16] 따라서 단체협약에서 노조간부 등에 대한 인사는 노동조합과 합의하여 결정한다고 규정하고 있는 경우, 이러한 합의절차를 거치지 아니한 징계처분은 원칙적으로 무효이다.[17] 사업장 운영 규정에서 인사위원회의 심의사항에 대하여 이해관계가 있는 위원은 그 회의에 참석할 수 없다고 규정된 경우 이러한 규정은 강행 규정이므로 피징계자의 비위행위의 구체적 피해자가 위원장으로 참석하여 심의와 결정을 한 인사위원회는 위 절차 규정에 위배한 중대한 절차상의 하자가 있어 무효라고 본 사례[18]가 있다. 징계의 절차 규정과 관련하여 단체협약과 취업규칙에 각기 징계절차 관련 규정이 있을 수 있다. 이러한 경우 단체협약에 위배되는 취업규칙상의 징계사유는 무효이나, 단체협약에 특별한 규정이 없는 경우 단체협약과 다른 징계사유를 취업규칙에서 규정하고 있다 하더라도 그 사유가 단체협약상의 제한 내지 「근로기준법」 강행 규정 등에 위반하지 않는 한 유효하다. 판례도 같은 입장에서 징계사유나 징계절차에 관하여 단체협약상의 규정과 취업규칙 등의 규정이 상호 저촉되는 경우

16 대법원 1993. 11. 9. 선고 93다37915 판결.

17 대법원 1997. 4. 25. 선고 97다6926 판결.

18 대법원 1994. 8. 23. 선고 94다7553 판결.

가 아닌 한 사용자는 취업규칙에서 단체협약 소정의 해고사유와는 관련이 없는 새로운 해고사유를 정할 수 있고, 그 해고사유에 근거하여 근로자를 해고할 수 있으며, 비록 단체협약에서 해고사유와 해고 이외의 징계사유를 나누어 구체적으로 열거하고 있다 하더라도 징계에 관하여 오로지 단체협약에서 정한 대로만 하여야 한다는 취지의 단체협약상의 약정이 없는 한 취업규칙에서 이와 다른 사유를 해고사유로 규정하는 것이 단체협약에 반하는 것이라고 할 수 없다[19]고 본다.

징계절차에 관한 단체협약 또는 취업규칙의 규정이 있는 경우 위와 같이 이를 따라야 하는 것이 원칙이지만, 예외적으로 이러한 절차 규정을 따르지 않아도 징계의 효력이 인정되는 경우가 있다. 판례에 의하면, 단체협약에 조합원을 징계하고자 할 때에는 인사위원회 개최일시, 장소를 인사위원회 개최 5일 전에 당사자 및 조합에 통보하여야 한다고 규정하고 있으나, 징계를 받을 조합원에게 5일의 여유를 두지 아니하고 징계에 회부된 사실이 통보되었을 경우에도 피징계자가 스스로 징계위원회에 출석하여 출석통지절차에 대한 이의를 제기하지 않고 충분한 소명을 한 경우에는 그와 같은 절차상의 하자는 치유된다고 본다.[20] 또한 단체협약이나 취업규칙 또는 이에 근거를 둔 징계 규정에서 징계위원회의 구성에 근로자 측의 대표자를 참여시키도록 되어 있음에도 불구하고 이러한 징

19 대법원 1999. 3. 26. 선고 98두4672 판결.

20 대법원 1995. 3. 3. 선고 94누11767 판결.

계절차를 위배하여 징계해고를 하였다면 이러한 징계권의 행사는 징계사유가 인정되는 여부에 관계없이 절차에 있어서의 정의에 반하는 처사로서 무효라고 보아야 할 것이지만, 근로자 측에 징계위원 선정권을 행사할 기회를 부여하였는데도 근로자 측이 스스로 징계위원 선정을 포기한 것이라면 근로자 측 징계위원이 참석하지 않은 징계위원회의 의결을 거친 징계처분이라고 하더라도 이를 무효로 볼 수는 없고,[21] 사업장인 협회의 내부 규정상 구성원이 3인인 인사위원회를 개최함에 있어 당연직 위원인 사무국장이 징계 대상자로 되어 인사위원회에서 배제될 경우 인사위원회는 위원장과 위원 1인만 남게 되고 인사위원회의 결의에 있어서 가부동수일 경우 위원장이 결정하도록 되어 있는 관계로 결국 인사위원회의 결의는 전적으로 위원장 1인의 의사에 따라 결정될 상황에서 협회가 인사위원회의 당연직 위원인 사무국장을 제외하고 그 대신 이사 1인을 인사위원으로 위촉하여 3인의 인사위원회를 새롭게 구성하고 그 인사위원회에서 위 사무국장에 대한 징계결의를 한 것은 부득이한 것으로서 적법하다고 본 사례[22]가 있다.

21 대법원 1997. 5. 16. 선고 96다47074 판결.

22 대법원 1997. 12. 12. 선고 97누3637 판결.

2 근로자의 재심 청구권

징계절차의 정당성 요건에서 반드시 확인해야 할 사항 중의 하나는 근로자의 재심 청구권 보장이다. 사업장 내에서 징계처분에 대한 재심절차는 징계처분에 대한 구제 내지 확정절차로서 원래의 징계절차와 함께 전부가 하나의 징계처분절차를 이루는 것으로서 그 절차의 정당성도 징계과정 전부를 대상으로 판단되어야 한다. 따라서 원래의 징계처분이 그 요건을 모두 갖추었다 하더라도 재심절차를 전혀 이행하지 않거나 재심절차에 중대한 하자가 있어 재심의 효력을 인정할 수 없는 경우에 그 징계처분은 무효이다. 또한 단체협약 규정에 의하여 징계면직된 조합원이 재심을 청구할 경우 노동조합의 참여권을 보장하고 있음에도 불구하고, 이를 보장하지 아니한 채 재심이 행하여져 징계면직처분이 확정되었다면 그 징계처분은 절차에 중대한 하자가 있어 원칙적으로 무효라고 보아야 하지만, 노동조합 측에서 스스로 재심에의 참여권을 포기하였다거나 또는 노동조합으로서의 기능을 상실한 노동조합이 앞으로 조합의 업무를 중단하겠다는 뜻을 직접 회사에 통보하고 조합의 업무집행기구를 구성하는 조합 간부 전원이 사퇴하여 노동조합활동을 완전히 중단하였다는 등의 특별한 사정이 있는 경우에는, 조합 측 대표의 참여를 보장하지 아니한 채 재심의결이 행하여졌다고 하더라도 그로 인하여 재심절차에 중대한 하자가 있다고 볼 수는 없다는 판례[23]가 있다. 이 외에도 근로자

23 대법원 1996. 2. 23. 선고 95다13708 판결.

의 재심 청구권 보장과 관련하여 유의할 점은, 원래의 징계처분에서 징계사유로 삼지 아니한 징계사유를 재심절차에서 추가하는 것은 추가된 징계사유에 대한 재심의 기회를 박탈하는 것으로 되어 특별한 사정이 없는 한 허용되지 아니한다는 것[24]이다.

3 노사 간의 합의

징계와 관련하여 노사 간의 합의가 있는 경우 원칙적으로 이에 따라야 하며, 이를 위배한 사용자의 징계행위는 노사 간의 합의에 반하여 부당징계로서 그 효력이 인정되지 않는다. 노사 간의 합의로서 대표적인 경우가 농성기간 중의 쟁의행위에 대한 면책합의를 한 경우를 예로 들 수 있는데, 판례[25]에 의하면, 노사 간 징계에 관한 면책합의를 하였다면 면책합의의 대상이 된 행위를 징계사유로 삼는 것은 허용되지 아니한다. 다만, 면책합의를 하였더라도 이는 그 비위행위를 징계사유로 삼는 것을 허용하지 않는 것일 뿐, 그 밖의 다른 비위행위를 징계사유로 하여 근로자를 징계함에 있어 면책합의된 비위행위가 있었던 점을 징계양정의 판단자료로 삼는 것까지 금지되지는 않는다.

---

24 대법원 1996. 6. 14. 선고 95누6410 판결.

25 대법원 1994. 9. 30. 선고 94다4042 판결.

징계에 관한 노사 간의 합의로서 또 다른 중요한 사항이 단체협약상의 해고협의조항 혹은 해고합의조항이다. 원칙적으로 단체협약에서 해고에 관하여 노사 간에 협의하도록 규정하거나 혹은 합의를 요한다고 규정하면 이는 그대로 지켜져야 한다. 따라서 단체협약에서 사업장의 제반 인사는 단체협약의 기준에 따르되 조합간부의 인사는 조합과 합의하여야 한다고 규정되어 있는 경우, 이러한 합의를 거치지 아니한 징계처분은 원칙적으로 무효[26]이다. 다만, 근로자나 노동조합 측에서 스스로 이러한 합의절차를 포기하였다는 등의 특별한 사정이 있는 경우에는 그렇지 않다고 보아야 한다. 노동조합의 간부에 대하여 징계를 함에 있어서는 관례상 노동조합의 관계자가 징계위원회에 참석하여 회사 측과 합의하여 왔으나, 문제가 된 징계위원회를 개최함에 있어서는 회사가 징계 대상이 된 근로자와 노동조합 측에 구두 또는 서면으로 3회에 걸쳐서 사전통고를 하였음에도 불구하고 근로자와 노동조합이 징계위원회에 참석하는 것조차 거부하여 회사가 합의절차를 거칠 수 없었던 사정이 인정되는 사안에서 법원은 합의를 거치지 아니한 징계처분이더라도 이는 유효하다고 판단[27]하였다. 유의할 점은 합의와 협의는 다른 개념으로서 단체협약에서 징계에 대한 사전협의조항을 두고 있는 경우, 사전협의는 회사의 자의적인 인사권 행사로 인하여 노동조합의 정상적인 활동이 저해되는 것을 방지하려는 취지에서 회사로 하여금 인사의 내용을 노동조합에 미

---

26 대법원 2007. 9. 6. 선고 2005두8788 판결.

27 대법원 1992. 12. 8. 선고 92다32074 판결.

리 통지하도록 하여 노동조합에게 징계를 포함한 인사의 공정을 기하기 위하여 필요한 노동조합 측의 의견을 제시할 기회를 주고 노동조합으로부터 제시된 의견을 참고자료로 고려하게 하는 것으로서, 징계해고가 위와 같은 사전협의를 거치지 아니한 채 행하여졌다고 하여 반드시 그 효력이 없다고 보지는 않는 것이 판례[28]의 입장이다.

4 절차 보완 후의 2차 징계

징계의 정당성 요건 중 절차상의 흠결이 있는 경우에는 이를 보완하여 다시 2차 징계를 할 수 있다. 사용자가 징계절차에 하자가 있거나, 징계양정이 잘못된 경우 또는 징계사유의 인정에 잘못이 있음을 스스로 인정할 때에는 노동위원회의 구제명령이나 법원의 징계무효 확인판결을 기다릴 것 없이 스스로 징계처분을 취소할 수 있고, 나아가 새로이 적법한 징계처분을 하는 것도 가능하다 할 것이며, 이러한 경우 당초의 해고처분을 취소하면 그 처분은 소급해서 무효로 되어 처음부터 해고처분이 없었던 것과 같은 상태로 되므로, 사용자가 별도로 그 징계 대상자를 원직에 복귀시켜야 할 의무를 부담하게 되는 것이 아닌데다가, 사용자가 징계절차에 하자가 있음을 스스로 인정하여 그 제1차 징계처분을 취소한

28 대법원 1996. 4. 23. 선고 95다53102 판결, 대법원 1992. 9. 22. 선고 92다13400 판결, 대법원 1992. 4. 14. 선고 91다4775 판결.

것만으로 사용자가 그 징계 대상자에 대한 종전의 비리를 모두 용서한 것이라고 볼 수도 없다.[29] 징계해고에 관한 절차 위반을 이유로 해고무효 판결이 확정된 경우 소급하여 해고되지 아니한 것으로 보게 될 것이지만, 그 후 사용자가 같은 징계사유를 들어 새로이 필요한 제반 징계절차를 밟아 다시 징계처분을 한다고 하여 일사부재리의 원칙이나 신의칙에 위배된다고 볼 수는 없을 뿐더러 법원의 판결을 잠탈하는 것이라고 할 수도 없고,[30] 절차상의 위법을 이유로 한 징계무효 판결이 확정된 경우 그 소송 도중 징계시효기간이 도과하였어도 위 판결확정일로부터 상당한 기간 내에 같은 사유로 다시 징계처분을 할 수 있을 뿐만 아니라, 징계무효 확인판결의 기판력은 판결 주문에 포함된 징계처분의 무효 여부에 관한 법률적 판단의 내용에만 미치는 것이므로 사용자가 징계무효 확인판결의 확정 후에 동일한 사유를 들어 다시 당해 징계처분을 하였다고 하여 확정판결의 기판력에 저촉된다고 할 수도 없다.[31]

---

29 대법원 1994. 12. 27. 선고 94누11132 판결.
30 대법원 1995. 12. 5. 선고 95다36138 판결.
31 대법원 1998. 6. 12. 선고 97누16084 판결.

Chapter 11

해고의 법리

직장생활 상식법률

「근로기준법」을 중심으로

01 해고의 개념

해고의 개념은 근로계약의 존속 중 사용자의 일방적 의사표시로 인하여 근로계약을 해지함을 의미한다. 여기서 중요한 것은 반드시 근로계약이 존속 중이어야 하므로 근로계약기간이 종료되거나, 시용계약관계에서 시용기간이 종료되고 본계약을 체결하지 아니하는 경우 등은 해고와는 다른 개념이다. 다만 외형상 근로계약기간이 종료된 경우라 하더라도 사실상 단기근로계약의 반복, 갱신이 여러 차례 이루어짐으로써 근로계약기간은 단지 형식에 불과하게 되어 근로자로서는 자신의 근로계약은 기간의 약정이 없는 근로계약이라고 신뢰하게 된 예외적 경우에는 사용자가 갱신계약의 체결을 거절하는 것은 해고에 해당한다.[1] 이 외에도 해고는 근로자의 자의에 의한 의원면직 내지는 권고사직과도 구별되는 개념임을 유의하여야 한다. 우리 판례에 의하면, 취업규칙이나 단체협약에서 어떤 사유의 발생을 당연퇴직사유로 규정하고 그 절차를 징계해고절차와 달리 규정하는 경우라 하더라도 그 사유가 사망, 정년, 계약기간 만료 등과 같이 근로관계의 자동소멸을 가져오는 경우를 제외하고는 「근로기준법」 소정의 해고에 해당한다고 본다. 즉 회사의 취업규칙에 규정된 당연면직사유로서 '금고 이상의 형을 선고받았을 때'라고 규정되어 있는

1 대법원 1998. 1. 23. 선고 97다42489 판결.

경우, 이러한 규정이 이외의 다른 당연면직사유로서 규정되어 있는 사유들로서 ① 근로자가 명시적 또는 묵시적으로 근로제공의사가 없음을 표시한 경우(사직원의 제출, 복직원의 미제출, 직업군인이 된 경우), ② 그 성질상 근로자가 근로제공을 할 수 없는 경우(사망하거나 한정치산 · 금치산 · 파산 선고를 받은 경우), ③ 예정된 근로기간이 만료된 경우(정년, 근로계약기간의 만료) 등과 징계해고사유로서 규정되어 있는 사유로서 '협박 또는 폭행 등 업무방해, 횡령 · 배임 및 사기 등 여타의 범죄행위를 하여 법적 조치를 받았을 때'와 각기 서로 비교 · 검토하여 보면 '금고 이상의 형을 선고받았을 때'라 함은 해고사유의 하나를 규정한 것으로 보아야 한다는 것이다. 이러한 사유는 다른 당연면직사유나 징계해고사유와 비교 · 검토해 보면 근로계약에 따른 근로자의 기본적인 의무인 근로제공의무를 이행할 수 없는 상태가 장기간 계속되어 왔음을 근거로 하여 사용자가 근로자를 당연면직시켜도 근로자 측에서 이의를 제기할 여지가 없을 정도의 상태, 다시 말하자면 형사상 범죄로 구속되어 있는 근로자가 현실적인 근로제공이 불가능한 신체의 구속 상태가 해소되지 아니하는 내용의 유죄판결, 즉 실형판결을 받은 경우를 의미한다[2]고 본다.

의원면직 내지 권고사직과 관련하여서도 판례는 근로자가 문자 그대로 자의에 의해 사표를 제출하였다면 권고사직 내지 의원면직에 해당한다고 할 수 있지만, 외형상 권고사직 내지 의원면직의 형태를 취하였다

2 대법원 1999. 9. 3. 선고 98두18848 판결, 대법원 1992. 11. 13. 선고 92누6082 판결.

하더라도 실제로는 사용자의 강요에 의해 근로자의 의사에 반한 사표제출이 이루어졌다고 판단되면, 이는 해고에 해당한다.[3] 유의할 점은 자유로운 의사에 반하였다는 것은 근로자의 주관적 사정이지만, 이에 대한 판단은 주관적 기준이 아니라 객관적인 기준에 의하여 이루어져야 한다는 것이다. 사직의 의사표시는 특별한 사정이 없는 한 당해 근로계약을 종료시키는 취지의 해약고지로 볼 것이고, 근로계약의 해지를 통고하는 사직의 의사표시가 사용자에게 도달한 이상 근로자로서는 사용자의 동의 없이는 비록 「민법」 제660조 제3항 소정의 기간이 경과하기 이전이라 하여도 사직의 의사표시를 철회할 수 없다.[4] 또한 사직의 의사표시 후 명시적 이의유보 없이 퇴직금 수령 후 상당기간이 경과하고 나서 다시 부당해고를 다투는 경우, 더 이상 의원면직처분의 효력을 다투지 아니한다는 사용자 측의 신뢰가 형성되었다고 보이는 경우라면 이러한 부당해고 관련 소제기는 신의칙 위반 내지 금반언 원칙 및 실효원칙 위반으로서 허용되지 아니한다.[5] 회사가 해고한 근로자에게 지급할 퇴직금과 갑근세반환금 등을 청산하여 변제공탁하고 근로자가 그 공탁을 조건 없이 수락하고 출급청구를 하여 수령하고 나서 8개월 가까이 지나 제기한 해고무효 확인청구소송을 제기한 근로자는 회사의 해고처분을 유효한 것으로 인정하였다고 볼 수밖에 없으므로 금반언의 원칙에 위배되어 위법하다고 본 판례[6]가 있다. 다만, 부당해고 관련 소제기와 해고 시점과의

---

3 대법원 2002. 6. 14. 선고 2001두11076 판결.

4 대법원 2000. 9. 5. 선고 99두8657 판결.

5 대법원 2000. 4. 25. 선고 99다34475 판결.

시간적 경과만이 언제나 문제되는 것은 아니며, 부당해고 관련 소제기는 상당한 시일이 경과한 이후에 이루어져서 외관상 부당해고 관련 소송의 상당한 지체가 있는 것으로 보이더라도 해고효력을 계속 다툰 것으로 인정되는 경우에는 해고소송의 상당한 지체가 정당화될 수도 있다.[7]

02/ 해고의 절차

「근로기준법」 제26조에서 해고의 예고 규정을 두고 있는데, 사용자는 근로자를 해고하려면 적어도 30일 전에 해고의 예고를 하여야 한다. 만약 30일 전에 사용자가 해고의 예고를 하지 아니하였을 때에는 30일분 이상의 통상임금을 지급하여야 한다. 다만, 천재 · 사변, 그 밖의 부득이한 사유로 사업을 계속하는 것이 불가능한 경우 또는 근로자가 고의로 사업에 막대한 지장을 초래하거나 재산상 손해를 끼친 경우로서 고용노동부령으로 정하는 사유에 해당하는 경우에는 예외로 한다. 해고예고의 예외가 되

6 대법원 1989. 9. 29. 선고 88다카19804 판결.

7 대법원 1992. 4. 14. 선고 92다1728 판결.

는 근로자의 귀책사유라 함은 납품업체로부터 금품이나 향응을 제공받고 불량품을 납품받아 생산에 차질을 가져온 경우, 영업용 차량을 임의로 타인에게 대리운전하게 하여 교통사고를 일으킨 경우, 사업의 기밀이나 그 밖의 정보를 경쟁관계에 있는 다른 사업자 등에게 제공하여 사업에 지장을 가져온 경우, 허위사실을 날조하여 유포하거나 불법 집단행동을 주도하여 사업에 막대한 지장을 가져온 경우, 영업용 차량 운송 수입금을 부당하게 착복하는 등 직책을 이용하여 공금을 착복, 장기 유용, 횡령 또는 배임한 경우, 제품 또는 원료 등을 몰래 훔치거나 불법 반출한 경우, 인사 · 경리 · 회계담당 직원이 근로자의 근무상황 실적을 조작하거나 허위 서류 등을 작성하여 사업에 손해를 끼친 경우, 사업장의 기물을 고의로 파손하여 생산에 막대한 지장을 가져온 경우, 그 밖에 사회통념상 고의로 사업에 막대한 지장을 가져오거나 재산상 손해를 끼쳤다고 인정되는 경우 등이다. 해고예고의무를 위반한 해고의 효력에 대하여는 학설[8]이 나뉘지만, 해고예고의무를 위반하였다 하더라도 해고의 정당한 이유가 인정되는 한 해고 자체의 효력은 인정된다는 것이 우리 판례[9]의 입장이다.

「근로기준법」 제27조는 해고사유 등의 서면통지 규정을 두고 있는데, 사용자는 근로자를 해고하려면 해고사유와 해고시기를 서면으로 통지하여야 한다. 근로자에 대한 해고는 서면으로 통지하여야 효력이 있다. 따

8 김유성, 『노동법 1』, 법문사, 2005, 315–316쪽; 김형배, 『노동법』, 박영사, 2015, 684–685쪽; 임종률, 『노동법』, 박영사, 2016, 546–547쪽.

9 대법원 1998. 11. 27. 선고 97누14132 판결.

라서 서면으로 통지하지 아니한 해고는 그 효력이 인정되지 아니한다. 판례[10]에 의하면, 해고통보서 및 해고를 위한 인사위원회개최통보서 등의 모든 기재 내용에 해고의 원인이 된 구체적 사규위반행위가 전혀 적시되지 아니한 경우, 이러한 해고는 서면으로 통지하였다 하더라도 해고사유를 기재하지 아니하였으므로 해고의 서면통지의무를 제대로 이행하지 아니한 해고로서 그 효력이 인정되지 아니한다.

03/ 근로자 측의 사정에 의한 해고의 정당한 이유

우리 「근로기준법」 제23조 제1항의 규정에 의하면, 해고는 반드시 정당한 이유를 그 정당성의 요건으로 한다. 해고의 정당한 이유는 크게 보아 근로자 측의 사정에 의한 정당한 이유와 사용자 측의 사정에 의한 정당한 이유로 나눌 수 있다. 사용자 측의 사정에 의한 해고의 정당한 이유는 장을 나누어 따로 살펴보기로 하고, 이하에서는 근로자 측의 사정에 의한 해고의 정당한 이유를 살펴보고자 한다.

10 대법원 2011. 10. 27. 선고 2011다42324 판결.

1 무단결근 등 근로계약상의 근로제공의무 위반

근로자가 근로를 수행함에 있어 업무능력은 충분함에도 불구하고 제대로 된 근로를 제공하지 아니하거나, 무단결근 내지 지각 · 조퇴 등을 반복하는 등 책임감이 결여된 근무태도를 보이는 경우, 이 외에 각종 업무지시를 위반하는 등 근로계약상의 근로제공의무를 위반하는 경우 해고사유가 될 수 있다. 예컨대 운수회사에 근무하는 운전기사인 근로자가 사용자의 배차지시에 위배하여 근로를 거부하는 것은, 운수회사에서 배차행위가 통상적인 업무수행명령에 해당하는 점을 감안하면 근로자는 특별한 사정이 없는 한 사용자의 배차지시에 따라야 할 의무가 있으므로, 이를 거부하는 것은 근로계약에 따른 근로자의 본질적이고 기본적인 의무인 근로제공의무를 이행하지 않는 것으로서 해고의 정당한 이유가 된다.[11]

회사 취업규칙 등에 의하면 질병 또는 부득이한 사유로 결근할 경우 사전에 결근계를 제출하여 승낙을 받도록 하고, 전화 또는 구두로 신고하여 사전승낙을 받은 경우에도 사후에 사유서를 제출하지 않은 이상 무단결근으로 인정되는 경우, 근로자가 실제로 질병 또는 부득이한 사유가 있었다거나 전화 또는 구두로 신고하여 사전승낙을 받은 사실이 있다고 하더라도 무단결근으로 취급되며 이는 해고의 정당한 이유가 될 수 있다.[12] 무단결근과 관련하여 단 하루 무단결근하였으나 고속버스 운전기

11 대법원 2000. 6. 23. 선고 98다54960 판결, 대법원 1997. 11. 28. 선고 97다33119 판결.

사의 경우 근무지시를 어기고 1일 무단결근한 경우 해고의 정당한 이유라고 본 사례[13]도 있다. 휴가 사용과 관련한 무단결근 사안에서 구체적으로 휴가 사용시기를 특정하지 아니한 채 휴가신청 후 결근한 행위는 무단결근으로서 해고의 정당한 이유가 있다고 본 사례[14]가 있는 반면, 동료근로자와의 상호 폭행사건으로 인해 상해를 입고 출근하지 아니한 사안에서 상해치료기간 중 결근하는 동안 연차휴가를 실시하겠다고 시기를 지정하여 휴가를 청구하였다면 근로자는 적법한 연차휴가권을 행사한 것이어서 무단결근에 해당하지 아니하므로 무단결근을 이유로 한 해고는 정당한 이유가 없다고 본 사례[15]가 있다.

이 외에도 근로계약상의 근로제공의무 위반과 관련하여, 근로제공의무가 면제된 노동조합 전임자가 근로시간을 대체하여 근로자들에 대해 회사가 실시하는 교육 · 연수 · 훈련 등에 불참하였더라도 근로시간을 대체하여 근로자에 대하여 실시하는 교육 · 연수 · 훈련 등은 거기에 참가하는 것이 근로자의 의무로서 강제되는 한 근로제공과 다를 바 없으므로 근로제공의무가 면제된 노동조합 전임자가 그러한 교육 등에 참가하지 않았다 하여 이를 해고의 정당한 이유의 하나인 근로제공의무 불이행으로 볼 수 없다고 본 사례[16]가 있다. 노동조합 전임자의 근로제공의무와

---

12 대법원 1992. 4. 24. 선고 91다17931 판결.
13 대법원 1994. 9. 13. 선고 94누576 판결.
14 대법원 1997. 3. 25. 선고 96다4930 판결.
15 대법원 1992. 4. 10. 선고 92누404 판결.
16 대법원 1999. 11. 23. 선고 99다45246 판결.

관련하여 주의할 점은 노조 전임자라 할지라도 사용자와의 사이에 기본적 근로관계는 유지되는 것으로서 취업규칙이나 사규의 적용이 전면적으로 배제되는 것이 아니라는 점이다. 따라서 노조 전임자에 관하여 단체협약상의 특별한 규정이나 특별한 관행이 없는 한 출퇴근에 관한 취업규칙이나 사규의 적용을 받으며, 근로계약 소정의 본래 업무를 면하는 대신 노동조합의 업무를 전임하는 노조 전임자의 경우 출근은 통상적인 조합 업무가 수행되는 노조사무실에서 조합 업무에 착수할 수 있는 상태에 임하는 것이므로, 노조 전임자가 사용자에 대하여 취업규칙 등에 규정된 소정의 절차를 취하지 아니한 채 위와 같은 상태에 임하지 아니하는 것도 무단결근에 해당된다. 이러한 법리에 근거하여 노조 전임자가 조합 업무와 무관한 개인적인 범죄를 저지르고 도피를 위해 회사에 사전 통보나 승인을 얻지 아니하고 결근한 것은 무단결근으로서 해고의 정당한 이유가 있다고 본 사례[17]가 있다.

다만, 외형상 무단결근이라 하더라도 근로자가 계속 휴직신청을 요구하다가 출근을 거부한 사안에서, 휴직신청 당시 근로자가 근무부서의 상사 · 동료로부터 여러 차례에 걸친 폭행 · 협박으로 불안한 직장생활을 감당할 수 없게 되었고 자신에게 폭행 · 협박 등 부당노동행위를 한 직원들을 수사기관에 고소까지 제기한 상태인 점 등을 종합하면, 근로자로서는 근무부서에서 상당한 기간에 걸쳐 근로를 제공함이 매우 부적당한 상

17 대법원 1997. 3. 11. 선고 95다46715 판결.

태에 있었고 그 휴직신청에는 상당한 이유가 있었음에도 불구하고 회사가 휴직신청 사유의 사실 유무에 관하여 면밀히 조사하지도 아니한 채 정당한 휴직사유가 아니라는 이유로 휴직신청을 승인하지 아니한 조치는 부당하므로, 근로자가 회사에 그 휴직신청의 승인을 계속 요구하면서 출근을 거부하게 되었다면 비록 그 결근이 회사의 승인이 없이 이루어져 무단결근에 해당하는 것이라고 할지라도 이는 통상의 무단결근 행위와는 달리 해고까지 할 수 있는 정당한 이유에 해당하지 아니한다고 본 사례[18]도 있다.

2 업무능력 부족

근로자의 업무능력 부족은 해고의 정당한 이유의 하나이다. 업무능력 부족도 크게 나누어 보자면 선천적으로 업무능력에 결함이 있는 경우와 회사 입사 이후 사고 등으로 인하여 업무능력을 상실한 경우가 있다. 항운노동조합 소속 조합원으로서 작업현장에서 후진하는 트럭 바퀴에 치여 좌족관절 골절상을 입고 「산업재해보상보험법」상 신체장해등급 제10등급 판정을 받은 근로자가 자신을 하역작업에 취로시켜 주지 아니하는 항운노동조합을 상대로 제기한 해고무효 확인청구소송에서, 법원은 근로자가 중노동인 항만하역작업에 종사할 수 없는 신체적 상태에 있어 노무

18 대법원 1997. 7. 22. 선고 95다53096 판결.

제공의 현실적 수령자인 항만하역사업자가 근로자의 노무제공 수령을 거절하고 있었으므로 항운노동조합 측에서 이러한 근로자를 취업시켜 주지 아니한 것은 정당하다고[19] 보았다.

이 외에도 취업규칙에서 '신체장애로 인하여 직무를 감당할 수 없을 때'에 퇴직처분을 할 수 있다고 규정한 경우 업무상 재해를 입은 근로자가 이 규정에 의하여 해고를 당한 사안에서 법원은 이러한 경우 해고의 정당성은 근로자가 신체장애를 입게 된 경위 및 그 사고가 사용자의 귀책사유 또는 업무상 부상으로 인한 것인지의 여부, 근로자의 치료기간 및 치료 종결 후 노동능력 상실의 정도, 근로자가 사고를 당할 당시 담당하고 있던 업무의 성격과 내용, 근로자가 그 잔존노동능력으로 감당할 수 있는 업무의 존부 및 그 내용, 사용자로서도 신체장애를 입은 근로자의 순조로운 직장 복귀를 위하여 담당 업무를 조정하는 등의 배려를 하였는지 여부, 사용자의 배려에 의하여 새로운 업무를 담당하게 된 근로자의 적응노력 등 제반 사정을 종합적으로 고려하여 판단하여야 한다고 보아, 업무상의 재해를 당하여 종전에 담당하여 오던 생산부 업무를 더 이상 감당할 능력이 없는 근로자로 하여금 임시적 방편으로 공정점검 업무에 종사케 하였으나 근로자가 그 업무조차 원활히 수행하지 못하였고, 전신육체노동을 요하는 생산부 업무의 특성상 이 외에 근로자의 신체조건에 맞는 경미한 직종을 찾기가 힘들었고, 회사는 근로자의 업무상 재해로 인

19 대법원 1998. 1. 20. 선고 96다56313 판결.

한 노동능력 상실에 따른 정년에 이르기까지의 손해를 이미 배상한 사실 등을 모두 종합적으로 고려하여 해고처분은 정당하다고 하였다.[20]

해고의 정당한 이유로서 업무능력 부족과 관련하여 유의할 점은 근로자에게 다소간 업무능력이 부족한 측면이 있다 하더라도 이것이 어느 정도의 훈련 내지 교육을 통하여 개선 가능하거나, 다른 업무능력에 적합한 부서로의 배치전환 등의 인사권 활용을 통한 구제가 가능함에도 불구하고 이러한 조치를 하지 아니한 채 근로자를 곧바로 해고하는 경우에는 일반적으로 해고의 정당한 이유가 있다고 보기 어렵다는 점이다. 이 외에도 「근로기준법」 제23조 제2항의 규정에 의하면, 사용자는 「근로기준법」 소정의 일시보상을 행하였거나 사업을 계속할 수 없게 된 경우를 제외하고는 근로자가 업무상 부상 또는 질병의 요양을 위하여 휴업한 기간과 그 후 30일 동안 또는 여성근로자의 출산전후 휴업기간과 그 이후 30일간 해고가 금지된다.

3 범죄 또는 비행

근로자의 범죄나 비행은 원칙적으로 그 자체만으로 해고의 정당한 이유가 되지는 않는다. 다만, 이러한 행위가 근로자의 근로제공에 영향을

20 대법원 1996. 12. 6. 선고 95다45934 판결.

미치는 경우, 예컨대 회사의 품위나 신뢰 등을 손상하고 궁극적으로 회사의 업무수행을 방해한다고 인정될 경우 이는 해고의 정당한 이유가 될 수 있다. 예컨대 운수회사 소속 근로자인 버스 운전기사가 교통사고를 유발하여 인적 사고 내지는 물적 사고를 일으킨 경우, 이러한 사고는 그 자체만으로 독립하여 해고사유가 된다고 보기는 어렵다 하더라도 이러한 사고로 인한 사망과 물적 피해가 복합적으로 발생하여 사회통념상 근로계약을 존속시킬 수 없을 정도로 근로자에게 책임 있는 사유로 인정된다면 이는 해고의 정당한 이유가 될 수 있다. 시내버스 운전기사가 회사 주차장에서 브레이크 대신 가속페달을 밟아 동료를 사망케 하고 여러 대의 차량을 파손시킨 행위가 회사의 취업규칙상 규정된 해고사유인 '과실로 인한 중대한 사고'에 해당된다고 본 사례[21]가 있다.

일반적으로 부동산투기행위는 근로자의 사생활의 비행에 불과하다고 보이지만, 택지의 개발과 공급, 주택의 건설, 개량, 공급 및 관리 등을 통하여 시민의 주거생활의 안정과 복지향상에 이바지함을 목적으로 설립된 도시개발공사의 설립목적, 그 업무의 종류와 태양態樣, 부동산보상 관련 업무를 담당하는 근로자의 업무 내용 등의 여러 사정을 종합적으로 고려하면, 도시개발공사 소속 근로자가 부동산투기행위를 한 경우 이는 객관적으로 그 공사의 사회적 평가에 심히 중대한 악영향을 미치는 것으로 평가될 수 있으므로 사생활에서의 비행이라고 하더라도 사업 활동에 직접 관련이 있거나 기업의 사회적 평가를 훼손할 염려가 있는 것이므로

21 대법원 1997. 4. 8. 선고 96다33556 판결.

공사의 취업규칙 소정의 '공익을 저해하는 중대한 행위'를 한 경우로서 해고의 정당한 이유가 될 수 있다고 본 사례[22]가 있다.

형사유죄판결을 해고사유의 하나로 취업규칙에 정한 경우, 유죄판결로 인한 회사 근로계약의 목적달성 불가, 동료 및 선후배 간의 신뢰 상실로 인한 직장질서 유지저해, 회사의 명예 · 신용 훼손 내지 거래에 악영향을 미칠 우려가 크다고 판단된다면 이러한 규정을 적용하여 해고가 가능하며, 이 경우 유죄의 판결은 확정판결을 의미하나, 반드시 징역형 판결만을 의미하는 것이 아니라 취업규칙 소정의 내용대로 해석하여야 한다.[23]

4 노동조합 활동 관련

근로자의 행위가 정당한 노동조합 활동을 위한 것이라면 일반적으로 해고의 정당한 이유가 될 수 없다. 정당한 노동조합 활동으로 인정받기 위한 요건으로서 그 행위의 목적이 근로조건의 유지 · 개선과 집단으로서의 근로자들의 경제적 지위의 향상을 도모하기 위한 목적이어야 하며, 취업규칙이나 단체협약에 별도의 허용 규정이 있거나 노동관행이 있는 경우 등을 제외하고는 취업시간 외에 행하여야 하며, 근무시간 중에 다른 근로자들의 근로를 방해하는 노동조합 활동은 허용되지 아니하므로

22 대법원 1994. 12. 13. 선고 93누23275 판결.

23 대법원 1997. 9. 26. 선고 97누1600 판결, 대법원 1997. 7. 25. 선고 97다7066 판결.

근로시간이 끝난 후 활동을 원칙으로 하며, 활동 장소는 노조사무실 내지는 노조 활동에 필요한 범위 내에서 합리적으로 인정되는 한도 내에서 근로제공 장소를 활용하여야 한다. 이 외에도 정당한 노동조합 활동으로 인정받으려면 그 방법에 있어 사업장에 있어서의 사용자의 시설관리권을 침해하지 않는 한도 내에서 노동조합 활동을 위하여 필요하다고 인정되는 합리적인 수단과 방법을 사용하여야 하고 폭력과 파괴행위 등은 허용되지 아니한다.

판례에 의하면 단체협약에서 "전임이 아닌 조합원의 조합 활동은 취업시간 외에 행함을 원칙으로 하나 부득이한 사유발생으로 취업시간 중에 조합 활동을 하고자 할 경우에는 사전에 회사에 통보하여야 하며 특별한 사유가 없는 한 허용하여야 한다."고 규정하고 있다 하더라도 이러한 취업규칙의 규정은 전임이 아닌 조합원의 취업시간 중의 조합 활동이 정당한 조합 활동인 경우 이를 허용한다는 취지이므로, 정당하지 아니한 쟁의행위를 결행할 것인가 여부를 결정하기 위하여 취업시간 중에 임시총회를 개최하는 것은 단체협약에서 전임이 아닌 조합원의 취업시간 중의 조합활동을 허용하도록 규정한 취지에 어긋나는 행위로서 정당한 조합 활동이 아니다.[24]

조합 활동의 하나로서 많이 행하여지는 유인물의 배포와 관련하여 유

---

24 대법원 1994. 9. 30. 선고 94다4042 판결.

인물의 배포가 정당한 노동조합의 활동에 해당되는 경우라면 사용자는 비록 단체협약이나 취업규칙 등에서 유인물의 배포에 허가제를 채택하고 있다 하더라도 이를 이유로 노동조합의 업무를 위한 정당한 활동의 일환으로서 유인물을 배포하는 행위까지 금지할 수는 없다. 유인물 배포 행위의 정당성 여부는 유인물의 배포에 대한 회사 측의 허가가 있었는지 여부만 가지고 판단할 것은 아니고, 그 유인물의 내용이나 배포 방법 등 제반 사정을 고려하여 판단되어져야 할 것이고 휴게시간 중의 유인물 배포는 다른 근로자의 근로에 나쁜 영향을 미치거나 휴게시간의 자유로운 이용을 방해하거나 구체적으로 직장질서를 문란하게 하는 것이 아닌 한 허가를 얻지 아니하였다는 이유만으로 노동조합 활동으로서의 정당성을 부정할 수 없다. 이와 관련하여 판례[25]는 근로자가 노동조합의 위원장으로 출마하였다가 사퇴하고 근로자 외에도 노동조합위원장 입후보자 중 일부가 사퇴하고 몇몇 사람의 후보자가 남았는데 남은 후보자 중 한 사람이 근로자의 사퇴이유를 왜곡하여 선거운동에 이용하자 근로자가 자신의 사퇴이유를 유인물 배포로써 조합원들에게 알린 행위는 정당한 노동조합의 활동이라고 보았다.

유인물의 배포와 관련하여 유의할 점은, 단체협약이나 취업규칙 등에서 유인물의 배포에 허가제를 채택하고 있다 하더라도 이를 이유로 노동조합의 업무를 위한 정당한 활동의 일환으로서 유인물을 배포하는 행위까지

25 대법원 1991. 1. 12. 선고 91누4164 판결.

금지할 수는 없다고 하더라도, 배포한 유인물이 사용자의 허가를 받지 아니하였을 뿐 아니라 허위사실을 적시하여 회사를 비방하는 내용을 담고 있는 것이어서 근로자들로 하여금 사용자에 대하여 적대감을 유발시킬 염려가 있고, 유인물을 근로자들에게 직접 건네주지 않고 사용자의 공장에 은밀히 뿌린 행위 등은 사용자의 시설관리권을 침해하고 직장질서를 문란하게 할 구체적인 위험성이 있는 것으로서 이러한 유인물의 배포시기가 노동조합의 대의원선거운동 기간이었다 할지라도 이러한 배포행위는 정당한 노동조합 활동으로 보기 어렵다[26]는 것이다. 이 외에도 일부 근로자가 노조 집행부와 피고 회사가 타결한 임금협상의 내용에 불만을 품고 조합원의 찬반투표를 요구하며 조합 집행부와 대립하여 오다가 점심시간에 식당 입구에서 조합원 40여 명을 모아 놓고 노조가 어용이라고 주장하며 조합장의 퇴진서명운동을 벌일 것과 연장근로의 거부를 선동하여 이에 동조한 근로자 120여 명으로 하여금 잔업을 거부하게 한 사안에서, 판례[27]는 조합원의 일부가 조합 집행부와 조합원 전체의 의사에 따르지 않고 노동조합의 결정이나 방침에 반대하거나 이를 비판하는 행위는 행위의 성질상 노동조합의 활동으로 볼 수 있다거나 노동조합의 묵시적인 수권 혹은 승인을 받았다고 인정할 만한 사정이 없는 한 조합원으로서의 자의적인 활동에 불과하여 정당한 노동조합 활동으로 볼 수 없다고 한다.

---

26 대법원 1992. 6. 23. 선고 92누4253 판결.

27 대법원 1992. 9. 25. 선고 92다18542 판결.

5 기 타

「남녀고용평등과 일·가정 양립 지원에 관한 법률」에서 금지하고 있는 남녀 차별적 해고는 그 자체로서 합리적 이유가 없는 것이므로, 남녀 차별 사유 외에 별도의 정당한 해고사유가 있다고 하더라도 남녀 차별적 해고를 하는 것만으로도 그 자체로서 해고의 정당한 이유가 없는 해고가 된다. 또한 「남녀고용평등과 일·가정 양립 지원에 관한 법률」에서 금지하고 있는 성희롱의 경우 해고의 정당한 이유가 된다. 카드회사의 지점장이 우월한 지위를 이용하여 자신의 지휘·감독을 받는 8명의 여직원을 상대로 일정기간 동안 14회에 걸쳐 반복적으로 성희롱 행위를 한 사안에서, 그 성희롱 행위가 왜곡된 사회적 인습이나 직장문화 등에 의하여 형성된 평소의 생활태도에서 비롯된 것으로서 특별한 문제의식 없이 이루어진 것이라 하여 이를 가볍게 평가할 수는 없으므로, 이러한 성희롱행위는 해고의 정당한 이유가 된다고 본 사례[28]가 있다.

이 외에도 근로자의 소신 내지 취미활동과 같은 사생활 영역의 자유가 인정된다 하더라도 종교단체 등의 경향사업장에 소속된 근로자의 경우 사생활 영역의 문제라 하더라도 이것이 자신이 속한 사업장이 표방하는 신조 내지 신념과 정면 배치되는 언동을 하여 사업장의 위신 내지 품위를 손상하는 경우 등은 해고의 정당한 이유가 인정될 여지가 있다.

---

28 대법원 2008. 7. 10. 선고 2007두22498 판결.

Chapter 12

경영상 이유에 의한 해고

직장생활 상식법률

「근로기준법」을 중심으로

경영상 이유에 의한 해고는 원래 「근로기준법」상 명문 규정이 따로 없었다. 해고의 하나로서 학설 및 판례에 의하여 인정되던 것을 1998년 2월 「근로기준법」을 개정하면서 명문화하여 지금의 규정에까지 이르고 있다. 우리의 「근로기준법」 제24조에 의하면, 경영상 이유에 의한 해고의 요건으로서는 크게 네 가지를 요하는데, 첫째 긴박한 경영상의 필요성이 있을 것, 둘째 상당한 해고회피노력을 다할 것, 셋째 해고 대상자 선정기준의 공정성 확보, 넷째 근로자와의 협의를 그 요건으로 한다.

01 긴박한 경영상의 필요성

먼저 긴박한 경영상의 필요성의 요건을 살펴보면 1990년대 이전까지는 대체로 우리 판례의 입장은 그야말로 기업이 일정수의 근로자를 정리해고하지 않으면 경영 악화로 사업을 계속할 수 없거나 적어도 기업재정상 심히 곤란한 처지에 놓일 개연성이 있는 정도의 즉 기업 경영이 지극히 어려운 상황에 이르렀을 때에만 급박한 경영상의 필요성이 있다고 인정해 주는 입장[1]이었다고 할 수 있다. 그러나 1990년 이후의 판례는 긴박한 경영상의 필요성에 대한 해석에 있어 반드시 기업의 도산을 회피하기 위한 경우에 한정되지 아니하고, 장래에 올 수도 있는 위기에 미리 대처하기 위하여 인원삭감이 객관적으로 보아 합리성이 있다고 인정되는 경우도 포함한다는 입장[2]이다. 판례[3]에 의하면 경영상 이유에 의한 해고라 함은, 긴급한 경영상의 필요에 의하여 기업에 종사하는 인원을 줄이기 위하여 일정한 요건 아래 근로자를 해고하는 것으로서 기업의 유지 · 존속을 전제로 그 소속 근로자들 중 일부를 해고하는 것을 가리키는 것이고, 이와 달리 기업이 파산선고를 받아 사업의 폐지를 위하여 그 청산과정에서 근로자를 해고하는 것은 위장폐업이 아닌 한 기업 경영의 자유에 속하는 것으로서 파산관재인이 파산선고로 인하여 회사가 해산한 후에 사업의 폐지를 위하여 행하는 해고는 정리해고가 아니라 통상해고이다.

다만, 어떠한 경우에도 판례에서 요구하는 긴박성 판단기준은 기업 전체의 경영사정을 종합적으로 검토할 것을 요구하고 있으므로 단순히 사업의 일부분에 적자가 났다는 이유만으로 긴박한 경영상의 필요성을 인정하기는 어렵다. 또한, 이러한 경영상의 어려움이 장기적인 것이어서 단기간에 극복이 어려운 것으로 인정되어야 한다. 구체적으로 사안에 따라 긴박한 경영상의 필요성을 인정한 경우를 살펴보면, 골재생산판매업, 레미콘, 아스콘제조판매업을 주된 사업목적으로 하는 회사가 서울 지역

---

1 대법원 1990. 1. 12. 선고 88다카34094 판결.

2 대법원 2003. 9. 5. 선고 2001다14665 판결, 대법원 1992. 8. 14. 선고 92다16973 판결 등.

3 대법원 2003. 4. 25. 선고 2003다7005 판결.

한강종합개발사업이 시행된 1982년 하반기 이후 개발사업 시공회사와의 연계계약에 따른 골재채취를 위하여 여러 개의 사업소를 설치하여 각 사업소별로 골재의 생산판매사업을 하여 오던 중 위 개발사업이 준공됨에 따라 골재채취업의 사업규모가 대폭 축소되어 기능직 종업원이 488명에서 413명으로 75명이 감소되었고, 그 매출액이 1986년도에는 130억 원가량이었던 것이 1989년도에는 84억 원가량으로 감소된 상황에서 이러한 사업규모의 축소가 일시적 경영 상태의 악화 및 수주 감소로 인한 상황에 그치는 것이 아니므로 긴박한 경영상의 필요성을 인정한 사례[4]가 있고, 4년 가까이 계속된 적자 등으로 인한 경영난을 해소하기 위하여 해당 사업부문을 외부 하도급제로 운영하기로 함에 따라 잉여인력을 감축한 상황에서 긴박한 경영상의 필요성을 인정한 사례[5] 등이 있다.

긴박한 경영상의 필요성을 인정하지 아니한 판례들을 살펴보면, 회사가 수년간의 누적적자로 인해 일부 자본잠식 상태에 있었던 것은 사실이지만 회사를 다른 회사에서 인수하면서 자본잠식분 이외에 1억여 원을 더 주고 인수한 사실, 경영상 이유에 의한 해고처분을 할 무렵 회사는 경영개선책의 일환 등으로 사무실의 규모를 줄여 임대차보증금을 1억 5천만 원 정도 줄인 바 있으나 기존의 보유한 승용차 이외에 새로이 고급 승용차를 구입하고 그에 필요한 운전기사까지 추가로 채용한

4 대법원 1990. 1. 12. 선고 88다카34094 판결.

5 대법원 1995. 12. 22. 선고 94다52119 판결.

사실, 해고 이후 회사는 계속적으로 흑자를 보고 있는 사실 등에 비추어 긴박한 경영상의 필요성이 있다고 판단될 만큼 회사의 적자 상태가 만성적이고 앞으로도 계속 그런 상태가 유지될 가능성이 있다고는 보기 어렵다고 판단한 사례[6]가 있고, 노동조합의 파업으로 인해 일부 사업소의 영업을 계속할 수 없게 되자 해당 사업소에 대한 폐업신고를 하고 경영상 이유에 의한 해고처분을 한 경우 회사 측에서 폐업신고를 한 이후에도 계속하여 다른 사업소에 위탁하여 종전의 고객들에 대한 사업을 계속했을 뿐만 아니라, 폐업신고 이후 회사의 경영 상태가 좋지는 아니하였으나 위 해고처분을 할 무렵에도 회사는 흑자경영을 하였고 회사의 자산 대비 부채 비율은 약 28퍼센트에 불과하였던 사실 등에 비추어 그 재무구조가 건실한 상황에서는 노동조합의 파업으로 인하여 일부 사업을 폐업함으로써 일시 경영상의 어려움이 있다는 사정만으로 긴박한 경영상의 필요성을 인정할 수는 없다고 본 사례[7] 등이 있다.

한편, 우리 법은 경영 악화 방지를 위한 사업의 양도 내지 기업의 인수·합병이 이루어진 경우에도 경영상 이유에 의한 해고의 요건인 긴박한 경영상의 필요성이 있다고 본다.

---

6 대법원 1995. 11. 24. 선고 94누10931 판결.

7 대법원 1993. 1. 26. 선고 92누3076 판결.

02 / 해고회피노력

「근로기준법」은 경영상 이유에 의한 해고를 하기 위하여 사용자가 해고를 피하기 위한 노력을 다하여야 한다고 규정하고 있는데, 이는 사용자의 해고회피노력의무를 규정한 것이다. 해고회피노력의무는 사용자가 근로자의 해고 범위를 최소화하기 위하여 경영방침이나 작업방식의 합리화, 신규 채용의 금지, 일시휴직 및 희망퇴직의 활용 및 전근 등의 경영상의 다양한 조치를 취하는 것[8]을 의미한다.

해고회피노력과 관련한 판례들을 보다 구체적으로 살펴보면, 회사의 공장이 2개 이상 존재하였으나 하나는 고급의류를 생산하는 공장으로서 고임금의 숙련공들이 근무하는 직장이고 또 다른 공장들은 저렴한 일상복을 제작하는 곳으로서 단순노동의 저임금을 받는 직원들이 근무하는 직장이어서 같은 회사의 사업장이라도 서로 다른 직장으로 간주되어 근로자들 간의 교류가 행하여지기 어려운 상황에서 단순 저임금 노동에 종사하는 직원들의 사업장을 폐쇄함에 있어 이들을 고급의류 공장으로 배치전환하지 아니한 것은 합당한 이유가 있을 뿐만 아니라, 고급의류 공

8 대법원 1992. 12. 22. 선고 92다14779 판결.

장 또한 그로부터 약 2개월 후 폐업한 상황에서는 해고회피노력의무를 다하였다고 인정한 사례[9]가 있다.

또한, 은행의 구조조정에 있어 은행이 존립의 위기에 직면한 상황에서 금융감독위원회와 예금보험공사에 경영개선계획을 제출하고 합병을 성공시키는 등의 노력을 통하여 예금보험공사로부터 수조 원에 달하는 공적 자금을 지원받아 회생의 기회를 마련하였던 점, 신규 채용을 중단하고 월평균임금의 8개월분에 해당하는 특별 퇴직금을 지급하기로 하여 희망퇴직자를 모집하였던 점, 희망퇴직자 중 일부를 계약직으로 전환하여 재취업시키고, 일부는 자회사나 관련업체에 취업 알선하였으며, 또 일부에 대하여는 재취업을 위한 연수를 실시하는 등 퇴직자를 배려하는 상당한 조치를 취하였던 점, 노동조합과의 협의과정을 거쳐 당초 계획했던 해고인원을 감축하여 합의하였던 점 등을 고려해 보면, 은행은 해고회피노력을 다하였다고 본 사례[10]도 있다. 해고회피노력의 하나로서 중요한 것은 신규 채용 중지이다. 이와 관련하여, 경영상 이유에 의한 해고 이후 다시 새로운 직원을 신규 채용한 사정 등으로 인하여 사실상 긴박한 경영상의 필요성이 있었다고 보기는 어렵다고 판단하는 것이 일반적인 판례[11]의 입장이다.

이 외에도 경영상 이유에 의한 해고를 하면서도 한편으로는 고급 승용차를 새로이 구입하고 운전기사까지 채용하는 등의 상황에 비추어 경영상 이유에 의한 정당한 이유가 인정될 수 없다고 본 사례[12]도 있다.

---

9 대법원 1992. 12. 22. 선고 92다14779 판결.

10 대법원 2002. 7. 9. 선고 2001다29452 판결.

11 대법원 1993. 12. 28. 선고 92다34858 판결, 대법원 1989. 5. 23. 선고 87다카2132 판결.

03 합리적이고 공정한 해고의 기준

경영상 이유에 의한 해고에 있어 합리적이고 공정한 해고의 기준을 수립하고, 이에 따라 그 대상자를 선정하여야 한다. 합리적이고 공정한 해고의 기준이란 사용자의 주관적 기준으로 판단하여서는 안 되고, 객관적인 판단에 의하여 합리성과 공정성이 인정되어야 한다. 이 경우 남녀의 성을 이유로 차별하여서는 아니 된다. 판례[13]에 의하면, 법인의 운영을 위한 기금이나 수익재산을 별도로 마련하고 있지 아니하고 단지 회원들이 납부하는 회비를 주된 재원으로 하고 있는 사단법인이 매년 회원들의 회비미납 등으로 인하여 회장이나 임원 등의 특별 찬조금이나 찬조금 성격이 강한 광고협찬금 등의 자금 지원이 없으면 직원들에 대한 급료마저도 제대로 지급할 수 없게 된 상황에서 지속되는 재정적 어려움을 타개하기 위하여 사업의 종류나 규모, 사무실의 규모를 축소하여 오고, 회원들에게 회비납부를 독려하기 위하여 미8군 영내출입증 및 골프장출입증의 발급을 받아 회비를 납부한 회원들에게 교부하였으며 회장이나 임원 등에 대하여 특별 찬조금 등의 지원을 요청하면서 한편으로 사단법인의 임원인 상근부회장의 임금마저도 계속 동결하는 한편 촉탁직원을 먼저

12 대법원 1995. 11. 24. 선고 94누10931 판결.

13 대법원 1995. 12. 5. 선고 94누15783 판결.

권고사직하게 한 상황에서, 나머지 직원의 업무 내용이나 인적 구성에 비추어 배치전환이나 희망퇴직자 내지 일시휴직자를 모집할 수 있는 형편도 아니었으므로 사단법인의 조직구성이나 대외적으로 미군 등과의 접촉을 하는 직원의 경우 능숙한 영어 구사 능력이 요청되는 점 등을 고려하여 볼 때 영어 구사 능력이 상대적으로 부족한 근로자를 해고 대상자로 선정한 것은 해고의 기준과 대상자 선정에 있어 객관성과 합리성이 인정된다고 보았다.

경영상 이유에 의한 해고를 시행함에 있어 합리적이고 공정한 해고의 기준 역시 확정적 · 고정적인 것은 아니고 당해 사용자가 직면한 경영위기의 강도와 해고를 실시하여야 하는 경영상의 이유, 해고를 실시한 사업부문의 내용과 근로자의 구성, 해고 실시 당시의 사회경제 상황 등에 따라 달라지는 것이고, 사용자가 해고의 기준에 관하여 노동조합 또는 근로자대표와 성실하게 협의하여 해고의 기준에 관한 합의에 도달하였다면 이러한 사정도 해고의 기준이 합리적이고 공정한 기준인지의 판단에 참작되어야 한다. 이러한 기준에서 은행 구조조정에 있어 은행이 정한 해고기준이 먼저 3급 이상의 직원을 대상으로 하여 직급별 해고 인원수를 정하고 각 직급에서 연령이 많은 직원, 재직기간이 장기간인 직원, 근무성적이 나쁜 직원을 해고 대상으로 하되 근무성적 상위자를 제외하기로 한 경우, 은행이 공적 자금을 지원받기 위하여 금융감독위원회와 예금보험공사에 제출한 경영정상화계획서에서 3급 이상 직원을 최대한 감축하기로 약속하였고 노동조합과 협의하여 위와 같은 선정기준에 대한 합의에 이르렀으며, 우리나라의 독특한 연공서열적인 임금체계를 감안하면 상대적으로 고임금을 받는 높은 직급의 연령이 많은 직원과 재직기간이 긴 직원을 해고하면 해고인원을 최소화할 수 있었던 사정 등을 종합적으로 고려하여 이러한 해고기준은 객관성과 합리성이 인정된다고 본 사례[14]가 있다.

04/ 근로자대표와의 협의

경영상 이유에 의한 해고를 함에 있어서 사용자는 해고를 피하기 위한 방법과 해고의 기준 등에 관하여 근로자대표에게 해고일로부터 50일 전까지 통보하고 성실하게 협의하여야 한다. 근로자대표와의 협의절차를 결한 경영상 이유에 의한 해고는 부당한 해고로서 그 효력이 인정될 수 없으나, 개정 전 「근로기준법」상 반드시 해고 60일 전까지 해고회피 방법과 해고의 기준 등을 근로자대표에게 통보하고 협의할 것을 규정한 법조문의 내용 중에서 반드시 60일을 준수하여야 할 것인지 여부에 대하여

14 대법원 2002. 7. 9. 선고 2001다29452 판결.

는 반드시 60일 준수가 해고의 유효요건은 아니라고 판례[15]는 보았다.

근로자대표는 과반수 노동조합이 있는 경우에는 그 노동조합을 의미하고, 과반수 노동조합이 없는 경우에는 근로자의 과반수를 대표하는 자를 말한다. 노동조합이 그동안 사용자와 임금협상 등 단체교섭을 함에 있어 3급 이상 직원들에 대한 부분까지 포함시켜 전체 근로자를 위하여 협약을 해왔고, 경영상 이유에 의한 해고에 있어서도 노동조합이 협의에 나서 격렬한 투쟁 끝에 해고 대상자 인원을 상당수 줄이기로 합의하는 데 성공한 점 등을 종합하여 보면, 과반수 노동조합이 있어 노동조합과의 협의과정을 거쳤다면 과반수 노동조합 외에 별도로 해고의 대상인 3급 이상 직원들만의 대표를 새로이 선출케 하여 그 대표와 협의를 하지 않았다고 하여 경영상 이유에 의한 해고에 있어 협의절차의 흠결로 보아 해고를 무효라 할 수는 없다는 것이 판례[16]의 입장이다.

여기서 협의는 문자 그대로 협의이므로 사용자가 경영상 이유에 의한 해고를 함에 있어 반드시 근로자대표의 합의까지 얻어야 하는 것을 의미하지는 않지만, 근로자대표와 해고회피 방법과 해고의 기준 등에 관한 성실한 협의를 하여야 한다. 기업의 존립과 관련된 구조조정의 실시 여부는 원칙적으로 합의의 대상이 될 수 없고 단체교섭의 대상도 될 수 없다는 원칙하에, 우리 판례[17]는 사용자의 경영권이 「헌법」상 보장되어 있

15 대법원 2004. 10. 15. 선고 2001두1154 판결, 대법원 2003. 11. 13. 선고 2003두4119 판결.

16 대법원 2002. 7. 9. 선고 2001다29452 판결.

17 대법원 2003. 7. 22. 선고 2002도7225 판결.

는 실체적 권리임을 강조하면서, 기업의 구조조정에 의한 해고 전에 노동조합과 사용자가 단체협약상 '합의'하도록 약정하였더라도 이러한 문언의 해석은 당해 조항만이 아니라 이를 포함하는 의사표시 전체의 취지 속에서 당해 조항의 문언이 가지는 의미를 찾아야 하고, 또 그 의사표시를 하게 된 경위와 당시의 상황 및 분위기, 당위성 등을 참작하여 규범적인 해석이 필요한 경우 이러한 원칙에 따른 해석을 하여야 하므로 위와 같은 단체협약상의 합의 규정은 이를 '협의'의 취지로 해석해야 한다는 입장이다.

05/ 기 타

「근로기준법」 제24조 제4항에 의하면, 사용자가 정리해고를 함에 있어 대통령령으로 정하는 일정한 규모 이상의 인원을 해고하려면 대통령령으로 정하는 바에 따라 고용노동부 장관에게 신고하여야 한다. 이 경우 신고를 요하는 해고의 규모는 사용자가 1개월 동안의 기간 동안 해고를 함에 있어 상시 근로자 수가 99명 이하인 사업 또는 사업장에서 해고인원이 10명 이상인 경우, 상시 근로자 수가 100명 이상 999명 이하인 사업 또는 사업장에서 상시 근로자 수의 10퍼센트 이상을 해고하는 경우 및 상시 근로자 수가 1,000명 이상인 사업 또는 사업장에서 해고인원이 100명 이상인 경우를 의미한다. 이러한 경우에는 사용자는 최초로 해고하려는 날의 30일 전까지 해고사유, 해고예정인원, 근로자대표와 협의한 내용, 해고일정 등을 반드시 고용노동부 장관에게 신고하여야 한다. 근로자를 해고한 사용자는 근로자를 해고한 날부터 3년 이내에 해고된 근로자가 해고 당시 담당하였던 업무와 같은 업무를 할 근로자를 채용하려고 할 경우 해고된 근로자가 원하면 그 근로자를 우선적으로 고용하여야 한다.

Chapter 13

부당해고와 구제

직장생활 상식법률

「근로기준법」을 중심으로

근로자에 대한 해고가 그 정당성의 요건을 흠결한 경우 이는 부당한 해고로서 구제받을 수 있다. 해고의 정당성 요건은 실체적 요건으로서 해고의 정당한 이유를 갖추지 못한 경우와 절차적 요건으로서 해고의 정당한 절차를 거치지 아니한 경우로 구분된다. 실체적 요건과 달리 절차적 요건의 흠결이 있는 경우에는 실체적 요건이 갖추어져 있다면 다시 절차를 밟아 해고할 수 있음을 유의하여야 한다. 이 장에서는 부당해고 구제를 위한 방법으로서 노동위원회 심판청구와 법원에의 소송제기를 나누어 살펴본 다음, 부당해고의 구제효과를 살펴보고자 한다.

01 노동위원회 심판청구

사용자가 근로자에게 부당해고를 하면 근로자는 노동위원회에 구제를 신청할 수 있다. 이 경우에 구제신청은 부당해고 등이 있었던 날로부터 3개월 이내에 하여야 한다. 부당해고의 구제신청은 그 행위가 있은 날부터 3개월 이내에 행하여야 한다는 규정에 있어 해고 등의 불이익처분이 일정한 기간이 경과한 후에 그 효력을 발생하는 경우에는 3개월의 기간은 해고의 효력 발생일로부터 기산하는 것으로 보아야 한다.[1] 노동위원회는 근로자로부터 부당해고 구제신청을 받는 경우 이에 관하여 지체 없이 필요한 조사를 하여야 하며 관계 당사자를 심문하여야 한다. 노동위원회가 심문을 할 때에는 관계 당사자의 신청이나 직권으로 증인을 출석하게 하여 필요한 사항을 질문할 수 있고, 심문을 할 때에는 관계 당사자에게 증거 제출과 증인에 대한 반대심문을 할 수 있는 충분한 기회를 주어야 한다. 노동위원회의 조사와 심문에 관한 세부절차는 「노동위원회법」에 따른 중앙노동위원회가 정하는 바에 따른다.

노동위원회는 심문을 끝내고 부당해고가 성립한다고 판정하면 사용자에게 구제명령을 하여야 하며, 부당해고가 성립하지 아니한다고 판정하면 구제신청을 기각하는 결정을 하게 된다. 판정과 구제명령 및 기각결정은 노동위원회가 사용자와 근로자에게 각각 서면으로 통지하여야 한다. 노동위원회는 부당해고 구제명령을 할 때에 근로자가 원직복직을 원하지 아니하면 원직복직을 명하는 대신 근로자가 해고기간 동안 근로를 제공하였더라면 받을 수 있었던 임금 상당액 이상의 금품을 근로자에게 지급하도록 명할 수 있다.

노동위원회는 각 지역별 지방노동위원회와 전국을 총괄하는 중앙노동위원회로 나뉘는데, 부당해고를 당한 근로자는 관할 지방노동위원회에 초심 심판을 청구하여 지방노동위원회로부터 구제명령이나 기각결정을

1 대법원 2002. 6. 14. 선고 2001두11076 판결.

받게 되면 이에 불복하는 사용자 혹은 근로자가 구제명령서나 기각결정서를 통지받은 날부터 10일 이내에 중앙노동위원회에 재심 심판을 신청할 수 있다. 중앙노동위원회의 재심판정에 대하여 사용자나 근로자는 재심판정서를 송달받은 날부터 15일 이내에 「행정소송법」의 규정에 따라 소송을 제기할 수 있다. 지방노동위원회의 초심판정에 대하여 구제명령서나 기각결정서 통지일로부터 10일 이내에 재심을 신청하지 아니하거나 중앙노동위원회 재심판정에 대하여 판정서 송달일로부터 15일 이내에 행정소송을 제기하지 아니하면 그 구제명령, 기각결정 또는 재심판정은 확정된다. 특기할 점은, 노동위원회의 구제명령, 기각결정 또는 재심판정은 중앙노동위원회에 대한 재심 신청이나 행정소송 제기에 의하여 그 효력이 정지되지 아니한다는 것이다. 노동위원회는 구제명령을 받은 후 이행 기한까지 구제명령을 이행하지 아니한 사용자에게 2천만 원 이하의 이행강제금을 부과한다. 이행강제금을 부과하기 30일 전까지 이행강제금을 부과 · 징수한다는 뜻을 노동위원회가 사용자에게 미리 문서로써 알려 주어야 한다. 노동위원회가 이행강제금을 부과할 때에는 이행강제금의 액수, 부과사유, 납부기한, 수납기관, 이의제기방법 및 이의제기기관 등을 명시한 문서로써 하여야 한다. 노동위원회가 이행강제금을 부과하는 위반행위의 종류와 위반 정도에 따른 금액, 부과 · 징수된 이행강제금의 반환절차, 그 밖에 필요한 사항은 대통령령으로 정한다. 노동위원회는 최초의 구제명령을 한 날을 기준으로 매년 2회의 범위에서 구제명령이 이행될 때까지 반복하여 제1항에 따른 이행강제금을 부과 · 징수할 수 있다. 이행강제금의 최대 부과한도는 2년까지 총 4회에 걸쳐서 부과 가능하며, 2년을 초과하여 부과 · 징수하지는 못한다. 노동위원회는 구제명령을 받은 자가 구제명령을 이행하면 새로운 이행강제금을 부과하지 아니하되, 구제명령을 이행하기 전에 이미 부과된 이행강제금은 징수하여야 한다. 노동위원회는 이행강제금 납부의무자가 납부기한까지 이행강제금을 내지 아니하면 기간을 정하여 독촉을 하고 지정된 기간에 제1항에 따른 이행강제금을 내지 아니하면 국세 체납처분의 예에 따라 징수할 수 있다. 근로자는 구제명령을 받은 사용자가 이행 기한까지 구제명령을 이행하지 아니하면 이행 기한이 지난 때부터 15일 이내에 그 사실을 노동위원회에 알려 줄 수 있다.

02 법원에의 소송제기

앞서 살펴본 노동위원회에의 제소는 부당해고 구제를 위한 방법으로서 시간과 비용 면에서 매우 경제적이라는 장점이 있지만 노동위원회가 법원이 아닌 행정심판기관이라는 점에서 그 권리구제에 한계가 있는 것도 사실이다. 결국 권리구제를 받아야 하는 당사자의 입장에서는 보다 궁극적으로 확정적인 권리구제 방법을 찾는다면 그것은 법원에 의한 확정판결을 받는 것인데, 법원에 의한 부당해고 구제 방법은 사법기관인 법원에서 당사자가 정확한 주장과 입증 방법에 의하여 구체적인 사법상의 권리구제를 받을 수 있다는 점에서 최고의 가치를 가진다. 다만 법원에서의 권리구제의 최대 단점은 노동위원회 구제절차에 비하여 소송은 시간과 비용 면에서 모두 비경제적이라는 점이다. 그럼에도 불구하고 법치주의하에서 궁극적이고도 최종적인 사법적 권리구제 수단이라는 측면에서 앞서 본 노동위원회 구제절차도 최종적으로 법원에 의한 사법판단의 길을 열어 두고 있고, 이 외에도 부당해고를 당한 근로자의 입장에서는 노동위원회를 거치지 아니하고 곧바로 부당해고 관련 소송을 법원에 제기할 수도 있다.

03 / 부당해고의 구제효과

1 원직복직과 임금 소급지급

사용자가 근로자에 대하여 행한 해고처분이 정당성의 요건을 흠결하여 부당해고로 판정되면 해고는 무효가 되므로 해고를 당한 근로자의 근로계약관계는 애초에 해고가 없었던 것과 마찬가지가 된다. 따라서 근로자는 근로자로서의 지위를 계속 유지하게 되므로 자신이 해고당하였던 원래의 직으로 복귀하여야 하고, 해고기간 동안 계속 근무하였더라면 받을 수 있었던 임금액 상당액을 소급하여 지급받을 권리가 있다.

임금의 소급지급과 관련하여서는 그 지급액 계산에 있어 중간수입을 고려해 줄 필요가 있다. 일반적으로 해고기간이 장기화될 경우 근로자들은 해고기간 중 임금을 받을 수 없으므로 생계를 위하여 다른 일을 하는 경우가 상당수 있다. 이렇게 해고기간 중 근로자가 해고로 인해 다른 일을 함으로써 얻은 수입을 공제하는 문제가 발생한다. 우리 「민법」상의 일반 원칙에 따르자면 근로자는 해고로 인해 근로제공의무를 면함으로써 다른 일을 하여 얻은 이익은 이를 전액 사용자에게 상환하여야 하지만, 우리 「근로기준법」은 사용자의 귀책사유로 인한 휴업수당 지급에 있어 그 최저액을 평균임금의 70퍼센트로 규정하고 있다는 점을 주의하여야 한다. 사용자의 귀책사유로 인하여 해고된 근로자가 해고기간 중에 다른 직장에서 근무하여 지급받은 임금은 「민법」 제538조 제2항에 규정된 자기의 채무를 면함으로써 얻은 이익에 해당하므로, 사용자는 근로자에게 해고기간 중의 임금을 지급함에 있어 위와 같은 중간수입을 공제할 수 있다. 다만, 근로자가 지급받을 수 있는 임금액 중 「근로기준법」 소정의 휴업수당의 범위 내의 금액은 중간수입으로 공제할 수 없고, 휴업수당을 초과하는 금액만을 중간수입으로 공제하여야 한다는 것이 판례[2]의 일반

2 대법원 1993. 11. 9. 선고 93다37915 판결, 대법원 1991. 12. 13. 선고 90다18999 판결 등.

적인 입장이다. 부당해고로 인한 임금 소급지급에 있어 공제되어야 하는 중간수입은 근로자가 근로제공의무를 면함으로써 이익을 얻은 것에 해당하여야 하므로 중간수입과 해고는 상당인과관계를 요하는데, 근로자가 해고처분 이전에도 자신의 처가 주로 경영하면서 부업으로 다소간의 수입을 얻어 온 과수원을 가지고 있었던 경우 과수원에서 얻은 수입은 중간수입으로 공제할 수 없으므로 근로자가 지급받아야 할 임금 소급지급액에서 농촌일용노임 상당의 금원을 공제할 수는 없다는 판례[3]가 있다.

2 금품지급명령

「근로기준법」에 의하면 노동위원회가 부당해고 구제명령을 할 때에 근로자가 원직복직을 원하지 아니하면 원직복직을 명하는 대신 근로자가 해고기간 동안 근로를 제공하였더라면 받을 수 있었던 임금 상당액 이상의 금품을 근로자에게 지급하도록 명할 수 있다고 규정하고 있다. 이 경우 지급되는 금품의 액수는 임금 이상액으로만 규정하고 있으므로 실제 운영에 있어 이 규정이 과연 징벌적 손해배상인가 아니면 위자료의 개념이 혼합된 것인가 등 여러 가지 다양한 해석[4]이 가능하다. 일반적으로 우리 법 원칙상 손해배상에 있어서 징벌적 손해배상이 쉽게 인정되지

---

3 대법원 1993. 5. 25. 선고 92다31125 판결.

4 김 왕 · 이승길, 「금전보상제도의 현황과 법적쟁점」, 『노동법연구』 제39호, 서울대학교노동법연구회, 2015, 174-175쪽.

않고 있다. 뿐만 아니라, 부당해고가 이루어졌다 하더라도 그것이 모두 징벌적 손해배상으로까지 이어져야 할 만큼 행위의 위법·부당성이 크다고 보기도 어렵다. 또한 임금 이상액의 의미를 위자료의 성격으로 본다 하더라도 마찬가지로 모든 부당해고가 위자료를 청구할 정도의 불법행위에까지 이른다고 보기도 어렵다. 이러한 점에서 현행 「근로기준법」상의 금품지급명령은 근로자가 원직복직을 포기하는 대신 금전적 보상을 받도록 하자는 취지에서 도입된 제도이지만 실제 운용에 있어 임금액을 초과하는 부분까지 금품을 지급하도록 명령하는 법 규정은 해석상 논란의 소지가 있다고 본다.

3 위자료청구 문제

앞서 금품지급명령과도 관련하여 살펴본 바와 같이, 부당해고가 행하여졌다고 하여서 모든 부당해고가 위자료지급의무가 발생하는 불법행위에까지 이른다고 보기는 어렵다. 일반적으로 사용자의 근로자에 대한 해고가 부당해고로 판단된다 하더라도 부당해고가 있었다는 이유만으로 그러한 해고처분이 불법행위를 구성하게 된다고 할 수는 없으나, 사용자가 근로자에 대하여 징계해고 등을 할 만한 사유가 전혀 없는데도 오로지 근로자를 사업장에서 몰아내려는 의도하에 고의로 어떤 명목상의 해고사유 등을 내세워 징계라는 수단을 동원하여 해고 등의 불이익처분을 한 경우나, 해고 등의 이유로 된 어느 사실이 취업규칙 등 소정의 징계사유에 해당되지 아니하거나 징계사유로 삼을 수 없는 것임이 객관적으로 명백하고 또 조금만 주의를 기울였더라면 이와 같은 사정을 쉽게 알아볼 수 있는데도 그것을 이유로 징계해고 등의 불이익처분을 한 경우처럼, 사용자에게 부당해고 등에 대한 고의 · 과실이 인정되는 경우에 있어서는 불법행위가 성립되어 그에 따라 입게 된 근로자의 정신적 고통에 대하여도 이를 배상할 의무가 있다.[5] 사용자가 근로자를 부당해고한 후 노동위원회의 부당해고판정을 받아 근로자를 다시 복직시켰으면서도 그가 수령한 퇴직금을 반환하지 않는다는 이유만으로 승무정지 및 재차 해고조치를 하고 그 기간 중의 임금을 지급하지 아니한 일련의 행위는 취업규칙 소정의 해고사유에 해당하지 아니하는 것이 객관적으로 명백한 사유로 해고를 한 것이어서 사회통념이나 사회상규상으로도 용인될 수 없고, 또한 사용자로서도 조금만 주의를 기울이면 이와 같은 사정을 쉽게 알 수 있었다고 보이므로 이는 위법하게 상대방에게 정신적 고통을 가하는 것이 되어 근로자에 대한 관계에서 불법행위를 구성한다고 보아 위자료지급을 인정한 사례[6]가 있다.

5 대법원 1996. 4. 23. 선고 95다6823 판결.

6 대법원 1999. 2. 23. 선고 98다12157 판결.

Chapter 14

업무상 재해

직장생활 상식법률

「근로기준법」을 중심으로

01 업무상 재해의 개관

근로자는 근로계약상의 근로를 제공하는 과정에서 자신의 과실이 있다 하더라도 여러 가지 업무상의 재해에 노출되기 마련이다. 근로자가 근로를 제공하는 과정에서 입게 되는 이러한 각종 업무상의 재해에 대하여 「민법」상의 일반적인 불법행위 내지는 계약불이행에 기한 손해배상청구 법리를 적용한다면 사실상 많은 근로자들이 자신의 과실로 인해 업무상 재해를 당하는 경우에는 손해를 배상받을 길이 막막할 뿐만 아니라, 이는 곧바로 직업의 상실과 생활의 곤궁에 내몰리게 될 우려가 크다. 이러한 점을 감안하여 우리 「근로기준법」은 근로자의 중대한 과실이 없는 한 근로제공 중에 입게 된 업무상 재해에 대하여 사용자가 이를 보상하도록 하는 취지의 업무상 재해 관련 규정들을 두고 있다. 이러한 「근로기준법」상의 재해보상제도는 이를 사회보험화한 「산업재해보상보험법」이 입법됨에 따라 사실상 그 실효성이 많은 부분 줄어들어 근로자에 대한 업무상 재해에 대하여는 「산업재해보상보험법」 규정이 우선 적용되고 있다.

02 업무상 사고

업무상 재해가 인정되려면 그 요건으로는 업무수행성과 업무기인성을 들 수 있다. 현재 「산업재해보상보험법」 제5조에서 "업무상의 재해란 업무상의 사유에 따른 근로자의 부상 · 질병 · 장해 또는 사망을 말한다."로 개념 규정하고 있으므로, 업무기인성이 업무상 재해 인정의 핵심이라 할 수 있다. 다만, 실제로 업무기인성의 인정 여부가 항상 명확하지만은 않기 때문에 업무수행성이 인정됨으로써 업무기인성의 입증이 용이한 경우가 많이 있다. 업무상 재해는 다시 종류별로 본다면 업무상 사고와 업무상 질병으로 분류할 수 있는데, 먼저 업무상 사고에 대하여 유형별로 살펴보고자 한다.

1 업무수행 중의 사고

「산업재해보상보험법」 제37조 규정에 의하면 근로자가 근로계약에 따른 업무수행 행위, 업무수행과정에서 하는 용변 등 생리적 필요 행위, 업무를 준비하거나 마무리하는 행위, 그 밖에 업무에 따르는 필요적 부수행위, 천재지변 · 화재 등 사업장 내에 발생한 돌발적인 사고에 따른 긴급피난 · 구조행위 등 사회통념상 예견되는 행위를 하던 중에 발생한 사고는 업무상 사고로 본다. 또한, 근로자가 사업주의 지시를 받아 사업장 밖에서 업무를 수행하던 중에 발생한 사고는 업무상 사고로 본다. 다만, 사업주의 구체적인 지시를 위반한 행위, 근로자의 사적私的 행위 또는 정상적인 출장 경로를 벗어났을 때 발생한 사고는 업무상 사고로 보지 않는다. 업무의 성질상 업무수행 장소가 정해져 있지 않은 근로자가 최초로 업무수행 장소에 도착하여 업무를 시작한 때부터 최후로 업무를 완수한 후 퇴근하기 전까지 업무와 관련하여 발생한 사고는 모두 업무상 사고로 본다.

2 시설물 등의 결함 등에 따른 사고

사업주가 제공한 시설물, 장비 또는 차량 등의 결함이나 사업주의 관리 소홀로 발생한 사고는 업무상 사고로 본다. 사업주가 제공한 시설물 등을 사업주의 구체적인 지시를 위반하여 이용한 행위로 발생한 사고와 그 시설물 등의 관리 또는 이용권이 근로자의 전속적 권한에 속하는 경우에 그 관리 또는 이용 중에 발생한 사고는 업무상 사고로 보지 않는다.

3 출퇴근 중의 사고

근로자가 출퇴근하던 중에 발생한 사고가 사업주가 출퇴근용으로 제공한 교통수단이나 사업주가 제공한 것으로 볼 수 있는 교통수단을 이용하던 중에 사고가 발생하고, 출퇴근용으로 이용한 교통수단의 관리 또는 이용권이 근로자 측의 전속적 권한에 속하지 아니한 경우에는 이를 업무상 사고로 본다. 판례[1]도 근로자의 통근행위는 노무의 제공이라는 업무와 밀접불가분의 관계에 있다 하더라도 일반적으로 통근방법과 경로의 선택이 근로자에게 유보되어 있어 통상 사업주의 지배·관리하에 있다고 할 수 없으므로, 통근 중에 발생한 재해가 업무상의 재해가 되기 위해서는 사업주가 제공한 교통수단을 근로자가 이용하거나 또는 사업주가 이에 준하는 교통수단을 이용하도록 하는 등 근로자의 통근과정이 사업주의 지배·관리하에 있다고 볼 수 있어야 한다는 입장이다.

4 행사 중의 사고

운동경기·야유회·등산대회 등 각종 행사에 근로자가 참가하는 것이 사회통념상 노무관리 또는 사업운영상 필요하다고 인정되는 경우로서 다음 각 호의 어느 하나에 해당하는 경우에 근로자가 그 행사에 참가(행

1 대법원 1995. 3. 14. 선고 94누15523 판결.

사 참가를 위한 준비 · 연습을 포함함)하여 발생한 사고는 업무상 사고로 본다.

1. 사업주가 행사에 참가한 근로자에 대하여 행사에 참가한 시간을 근무한 시간으로 인정하는 경우
2. 사업주가 그 근로자에게 행사에 참가하도록 지시한 경우
3. 사전에 사업주의 승인을 받아 행사에 참가한 경우
4. 그 밖에 제1호부터 제3호까지의 규정에 준하는 경우로서 사업주가 그 근로자의 행사 참가를 통상적 · 관례적으로 인정한 경우

5 요양 중의 사고

업무상 부상 또는 질병으로 요양을 하고 있는 근로자에게 요양급여와 관련하여 발생한 의료사고 또는 요양 중인 산재보험 의료기관(산재보험 의료기관이 아닌 의료기관에서 응급진료 등을 받는 경우에는 그 의료기관) 내에서 업무상 부상 또는 질병의 요양과 관련하여 발생한 사고 중 어느 하나에 해당하는 사고가 발생하면 이를 업무상 사고로 본다.

6 기타의 사고

제3자의 행위로 근로자에게 사고가 발생한 경우에 그 근로자가 담당

한 업무가 사회통념상 제3자의 가해행위를 유발할 수 있는 성질의 업무라고 인정되면 그 사고는 업무상 사고로 본다. 이때 산업재해보상보험사업을 수행하는 근로복지공단은 보험급여를 받은 자가 가해자인 제3자에 대하여 가지는 손해배상 청구권을 대위할 수 있다. 다만, 보험 가입장내에 둘 이상의 사업주가 같은 장소에서 하나의 사업을 분할하여 행하다가 그 중 사업자를 달리하는 근로자의 행위로 인하여 재해가 발생한 경우는 제외된다. 아울러, 근로자가 제3자로부터 배상을 받은 범위 내에서 근로복지공단은 근로자에게 보험급여를 지급하지 아니하고, 수급권자 및 보험가입자는 제3자의 행위로 인하여 재해가 발생하면 지체 없이 이를 근로복지공단에 신고하여야 한다.

03 업무상 질병

「산업재해보상보험법」 제37조의 규정에 의하면, 업무상 질병은 업무수행과정에서 물리적 인자因子, 화학물질, 분진, 병원체, 신체에 부담을 주는 업무 등 근로자의 건강에 장해를 일으킬 수 있는 요인을 취급하거나 그에 노출되어 발생한 질병, 업무상 부상이 원인이 되어 발생한 질병,

그 밖에 업무와 관련하여 발생한 질병의 세 가지로 분류된다. 업무상 질병의 보다 구체적인 인정기준을 살펴보면, 근로자가 업무수행과정에서 유해 · 위험요인을 취급하거나 유해 · 위험요인에 노출된 경력이 있고, 유해 · 위험요인을 취급하거나 유해 · 위험요인에 노출되는 업무시간, 그 업무에 종사한 기간 및 업무 환경 등에 비추어 볼 때 근로자의 질병을 유발할 수 있다고 인정되면서 근로자가 유해 · 위험요인에 노출되거나 유해 · 위험요인을 취급한 것이 원인이 되어 그 질병이 발생하였다고 의학적으로 인정되면 업무상 질병으로 인정된다. 업무상 부상을 입은 근로자에게 질병이 발생할 경우에는 업무상 부상과 질병 사이의 인과관계가 의학적으로 인정되고, 기초질환 또는 기존 질병이 자연발생적으로 나타난 증상이 아님이 인정되면 업무상 질병으로 인정된다.

「근로기준법」 및 「산업재해보상보험법」상 인정되는 업무상 질병을 종류별로 나누어 보면 뇌혈관 질병 또는 심장 질병, 근골격계 질병, 호흡기계 질병, 신경정신계 질병, 림프조혈기계 질병, 피부 질병, 눈 또는 귀 질병, 간 질병, 감염성 질병, 직업성 암, 급성 중독 등 화학적 요인에 의한 질병, 물리적 요인에 의한 질병 등으로 나눌 수 있고, 「산업재해보상보험법 시행령」은 이들 업무상 질병들의 구체적인 인정기준을 규정하고 있다. 근로복지공단은 근로자의 업무상 질병 또는 업무상 질병에 따른 사망의 인정 여부를 판정할 때에는 그 근로자의 성별, 연령, 건강 정도 및 체질 등을 고려하여야 한다.

04/ 자해행위

「산업재해보상보험법」 제37조 제2항 규정에 의하면, 근로자의 고의·자해행위나 범죄행위 또는 그것이 원인이 되어 발생한 부상·질병·장해 또는 사망은 자해행위로 보아 원칙적으로 업무상의 재해로 보지 아니한다. 다만, 그 부상·질병·장해 또는 사망이 정상적인 인식능력 등이 뚜렷하게 저하된 상태에서 한 행위로 발생한 경우로서 다음 각 호의 어느 하나에 해당하는 사유가 있으면 업무상의 재해로 본다.

1. 업무상의 사유로 발생한 정신질환으로 치료를 받았거나 받고 있는 사람이 정신적 이상 상태에서 자해행위를 한 경우
2. 업무상의 재해로 요양 중인 사람이 그 업무상의 재해로 인한 정신적 이상 상태에서 자해행위를 한 경우
3. 그 밖에 업무상의 사유로 인한 정신적 이상 상태에서 자해행위를 하였다는 것이 의학적으로 인정되는 경우

05 재해보상의 내용

「근로기준법」은 재해보상의 내용으로서 요양보상, 휴업보상, 장해보상, 유족보상, 장의비를 규정하고 있고, 「산업재해보상보험법」은 「근로기준법」과 유사하게 요양급여, 휴업급여, 장해급여, 유족급여, 장의비를 규정하고 있는 외에 「근로기준법」에서 규정하고 있지 않는 간병급여 규정을 두고 있다. 여기서는 「산업재해보상보험법」상의 규정을 중심으로 재해보상의 구체적 내용들을 살펴보고자 한다.

1 요양급여

근로자가 업무상의 사유로 부상을 당하거나 질병에 걸린 경우 그 요양을 위한 급여로서 원칙적으로는 근로자를 산재보험 의료기관에서 요양을 하게 하지만, 부득이한 경우에는 요양에 갈음하여 요양비를 지급할 수 있다. 요양급여의 범위는 진찰 및 검사, 약제 또는 진료 재료와 의지義肢 그 밖의 보조기의 지급, 처치 · 수술, 그 밖의 치료, 재활치료, 입원, 간호 및 간병, 이송, 그 밖에 고용노동부령으로 정하는 사항 등이며, 요양급여의 구체적 산정기준은 고용노동부령으로 정한다. 요양급여를 받으려는 자는 소속 사업장, 재해발생 경위, 그 재해에 대한 의학적 소견, 그 밖에 고용노동부령으로 정하는 사항을 적은 서류를 첨부하여 공단에 요양급여의 신청을 하고, 근로자를 진료한 산재보험 의료기관은 그 근로자의 재해가 업무상의 재해로 판단되면 그 근로자의 동의를 받아 요양급여의 신청을 대행할 수 있다. 요양급여의 신청을 한 자는 근로복지공단이 요양급여에 관한 결정을 하기 전에는 「국민건강보험법」 규정에 따른 요양급여 내지 「의료급여법」 규정에 따른 의료급여를 받을 수 있다. 국민건강보험 요양급여 내지 의료급여를 받은 자가 「국민건강보험법」 또는 「의료급여법」에 따른 본인 일부 부담금을 산재보험 의료기관에 납부한 후에 요양급여 수급권자로 결정된 경우에는 그 납부한 본인 일부 부담금 중 요양급여에 해당하는 금액을 근로복지공단에 청구할 수 있다

2 휴업급여

업무상 사유로 부상을 당하거나 질병에 걸린 근로자가 요양으로 인하여 취업하지 못한 기간에 대하여 휴업급여를 지급한다. 휴업급여의 1일당 지급액은 평균임금의 100분의 70에 상당하는 금액으로 하되, 취업하지 못한 기간이 3일 이내이면 지급하지 아니한다. 요양 또는 재요양을 받고 있는 근로자가 그 요양기간 중 일정기간 또는 단시간 취업을 하는 경우에는 그 취업한 날 또는 취업한 시간에 해당하는 그 근로자의 평균임금에서 그 취업한 날 또는 취업한 시간에 대한 임금을 뺀 금액의 100분의 90에 상당하는 금액을 부분휴업급여로서 지급할 수 있다. 부분휴업

급여를 지급할 경우 단시간 취업하는 경우 취업하지 못한 시간(8시간에서 취업한 시간을 뺀 시간)에 대하여는 법 규정에 따라 산정한 1일당 휴업급여 지급액에 8시간에 대한 취업하지 못한 시간의 비율을 곱한 금액을 지급한다. 법 규정상 인정되는 저소득 근로자와 휴업급여를 받는 근로자가 61세에 도달한 고령자인 경우, 이들의 휴업급여 산정에 대하여는 별도의 특별 규정이 있다.

3 장해급여

근로자가 업무상의 사유로 부상을 당하거나 질병에 걸려 치유된 후 신체 등에 장해가 있는 경우에 장해급여를 지급하는데, 장해급여는 장해등급에 따라 장해의 정도가 심한 경우에는 장해보상연금과 장해보상일시금을 지급하고, 상대적으로 장해의 정도가 심하지 아니한 경우에는 장해보상일시금을 지급한다. 장해보상 연금과 일시금 중 선택할 수 있는 정도의 장해등급을 받은 수급권자는 자신의 선택에 따라 장해보상연금 또는 장해보상일시금을 선택하여 지급받을 수 있다. 다만, 대통령령으로 정하는 노동력을 완전히 상실한 장해등급의 근로자에게는 장해보상연금을 지급하고, 장해급여 청구사유 발생 당시 대한민국 국민이 아닌 자로서 외국에서 거주하고 있는 근로자에게는 장해보상일시금을 지급한다. 장해보상연금은 수급권자가 신청하면 그 연금의 최초 1년분 또는 2년분(대통령령으로 정하는 노동력을 완전히 상실한 근로자에게는 그 연금의 최초 1년분부터 4년분까지)의 2분의 1에 상당하는 금액을 미리 지급할 수 있다. 이 경우 미리 지급하는 금액에 대하여는 100분의 5의 비율 범위에서 대통령령으로 정하는 바에 따라 이자를 공제할 수 있다. 장해보상연금의 수급권자가 사망하거나 대한민국 국민이었던 수급권자가 국적을 상실하고 외국에서 거주하고 있거나 외국에서 거주하기 위하여 출국하는 경우, 대한민국 국민이 아닌 수급권자가 외국에서 거주하기 위하여 출국하는 경우 또는 장해등급이 변경되어 장해보상연금의 지급 대상에서 제외되는 경우 장해보상연금 수급권은 소멸한다. 이 경우 이미 지급한 연금액을 지급 당시의 각각의 평균임금으로 나눈 일수日數의 합계가 장해보상일시금의 일수에 못 미치면 그 못 미치는 일수에 수급권 소멸 당시의 평균임금을 곱하여 산정한 금액을 유족 또는 그 근로자에게 일시금으로 지급한다.

4 간병급여

요양급여를 받은 자 중 치유 후 의학적으로 상시 또는 수시로 간병이 필요하여 실제로 간병을 받는 자에게 간병급여를 지급하는데, 간병급여의 지급은 지급 대상에 해당되는 사람이 실제로 간병을 받은 날에 대하여 지급한다. 간병급여의 지급기준은 「통계법」 규정에 따른 지정통계 중 고용노동부 장관이 작성하는 고용형태별 근로실태조사의 직종별 월급여 총액 등을 기초로 하여 고용노동부 장관이 고시하는 금액으로 한다. 이 경우 수시 간병급여의 대상자에게 지급할 간병급여의 금액은 상시 간병급여의 지급 대상자에게 지급할 금액의 3분의 2에 해당하는 금액으로 한다. 간병급여의 대상자가 무료요양소 등에 들어가 간병비용을 실제로 지출하지 않았거나, 법정 지급기준보다 적은 금액을 지출한 경우에는 실제 지출한 금액을 간병급여로서 지급한다.

5 유족급여

근로자가 업무상의 사유로 사망한 경우에 유족에게 유족급여를 지급한다. 유족급여는 유족보상연금이나 유족보상일시금으로 하되, 유족보상일시금은 근로자가 사망할 당시 유족보상연금을 받을 수 있는 자격이 있는 자가 없는 경우에 지급한다. 유족보상연금 수급자격자는 근로자가 사망할 당시 그 근로자와 생계를 같이하고 있던 유족(그 근로자가 사망할 당시 대한민국 국민이 아닌 자로서 외국에서 거주하고 있던 유족은 제외함)으로서 배우자, 부모 또는 조부모로서 각각 60세 이상인 자, 자녀 또는 손자녀로서 각각 19세 미만인 자, 형제자매로서 19세 미만이거나 60세 이상인 자, 자녀·부모·손자녀·조부모 또는 형제자매이지만 19세 미만이거나 60세 이상인 자에 해당하지 아니하는 자로서 고용노동부령으로 정한 장애등급 이상에 해당하는 장애인 등이다. 유족보상연금 수급자격자 중 유족보상연금을 받을 권리의 순위는 배우자·자녀·부모·손자녀·조부모 및 형제자매의 순서로 하고, 근로자가 사망할 당시 태아胎兒였던 자녀가 출생한 경우에는 출생한 때부터 장래에 향하여 근로자가 사망할 당시 그 근로자와 생계를 같이하고 있던 유족으로 본다.

유족보상연금을 받을 수 있는 자격이 있는 자가 원하면 유족보상일시금의 100분의 50에 상당하는 금액을 일시금으로 지급하고, 유족보상연금은 100분의 50을 감액하여 지급한다. 유족보상연금 수급자격자인 유족이 사망하거나 사망한 근로자의 배우자로서 재혼한 경우(사실상 혼인관계도 포함), 사망한 근로자와의 친족관계가 끝난 경우, 자녀 · 손자녀 또는 형제자매가 19세가 된 때, 장애인으로서 유족보상연금 수급자격자였던 자의 장애상태가 해소된 경우, 근로자가 사망할 당시 대한민국 국민이었던 유족보상연금 수급자격자가 국적을 상실하고 외국에서 거주하고 있거나 외국에서 거주하기 위하여 출국하는 경우, 대한민국 국민이 아닌 유족보상연금 수급자격자가 외국에서 거주하기 위하여 출국하는 경우에는 유족보상연금 수급자격을 상실한다. 유족보상연금 수급자격자가 그 자격을 상실할 경우, 유족보상연금을 받을 권리는 같은 순위자가 있으면 같은 순위자에게, 같은 순위자가 없으면 다음 순위자에게 이전된다. 유족보상연금 수급권자가 3개월 이상 행방불명이면 대통령령으로 정하는 바에 따라 연금 지급을 정지하고, 같은 순위자가 있으면 같은 순위자에게, 같은 순위자가 없으면 다음 순위자에게 유족보상연금을 지급한다. 유족보상연금을 받던 자가 그 수급자격을 잃은 경우 다른 수급자격자가 없고 이미 지급한 연금액을 지급 당시의 각각의 평균임금으로 나누어 산정한 일수의 합계가 1,300일에 못 미치면 그 못 미치는 일수에 수급자격 상실 당시의 평균임금을 곱하여 산정한 금액을 수급자격 상실 당시의 유족에게 일시금으로 지급한다.

유족보상일시금을 받을 유족 간의 순위는 근로자가 사망할 당시 1. 그 근로자와 생계를 같이하고 있던 배우자 · 자녀 · 부모 · 손자녀 및 조부모, 2. 근로자가 사망할 당시 그 근로자와 생계를 같이하고 있지 아니하던 배우자 · 자녀 · 부모 · 손자녀 및 조부모 또는 근로자가 사망할 당시 근로자와 생계를 같이하고 있던 형제자매, 3. 형제자매의 순서로 하되, 각 호에 적은 자들 가운데에서는 각각 그 적힌 순서에 따라 배우자 · 자녀 · 부모 · 손자녀 · 조부모 및 형제자매의 순서에 따른다.

이 경우 같은 순위의 수급권자가 2명 이상이면 그 유족에게 똑같이 나누어 지급한다. 부모는 양부모養父母를 선순위로, 실부모實父母를 후순위로 하고, 조부모는 양부모의 부모를 선순위로, 실부모의 부모를 후순위로, 부모의 양부모를 선순위로, 부모의 실부모를 후순위로 한다. 수급권자인 유족이 사망한 경우 그 보험급여는 같은 순위자가 있으면 같은 순위자에게, 같은 순위자가 없으면 다음 순위자에게 지급한다. 다만, 이러한 법 규정상의 순서에도 불구하고 근로자가 유언으로 보험급여를 받을 유족을 지정하면 그 지정에 따른다.

6 장의비

근로자가 업무상의 사유로 사망한 경우 장의비를 지급하되, 평균임금의 120일분에 상당하는 금액을 그 장제葬祭를 지낸 유족에게 지급한다.

다만, 장제를 지낼 유족이 없거나 그 밖에 부득이한 사유로 유족이 아닌 자가 장제를 지낸 경우에는 평균임금의 120일분에 상당하는 금액의 범위에서 실제 드는 비용을 그 장제를 지낸 자에게 지급한다. 장의비가 대통령령이 정하는 바에 따라 고용노동부 장관이 고시하는 최고 금액을 초과하거나 최저 금액에 미달하면 그 최고 금액 또는 최저 금액을 각각 장의비로 한다.

Chapter 15

일과 가정의 양립

직장생활 상식법률

「근로기준법」을 중심으로

01 입법 취지와 적용 대상

일과 가정의 양립을 위한 법으로서 「남녀고용평등과 일 · 가정 양립 지원에 관한 법률」이 있다. 이 법은 「헌법」상의 평등이념에 따라 고용에서 남녀의 평등한 기회와 대우를 보장하고 모성보호와 여성 고용을 촉진하여 남녀고용평등을 실현함과 아울러 근로자의 일과 가정의 양립을 지원함으로써 모든 국민의 삶의 질 향상에 이바지하는 것을 입법 목적으로 하여, 근로자를 사용하는 모든 사업 또는 사업장을 적용 대상으로 하고 있다. 다만, 대통령령으로 정하는 사업에 대하여는 이 법의 전부 또는 일부를 적용하지 아니할 수 있는데, 동거하는 친족만으로 이루어지는 사업 또는 사업장과 가사사용인에 대하여는 이 법을 적용하지 아니하고, 상시 5명 미만의 근로자를 고용하는 사업에 대하여는 이 법의 일부 조항을 적용하지 아니한다.

02 남녀의 평등한 기회보장 및 대우

「남녀고용평등과 일 · 가정 양립 지원에 관한 법률」에 의하면, "차별"이란 사업주가 근로자에게 성별, 혼인, 가족 안에서의 지위, 임신 또는 출산 등의 사유로 합리적인 이유 없이 채용 또는 근로의 조건을 다르게 하거나 그 밖의 불리한 조치를 하는 경우 외에도 사업주가 채용조건이나 근로조건은 동일하게 적용하더라도 그 조건을 충족할 수 있는 남성 또는 여성이 다른 한 성性에 비하여 현저히 적고 그에 따라 특정 성에게 불리한 결과를 초래하며 그 조건이 정당한 것임을 증명할 수 없는 경우가 모두 차별의 개념에 포함된다. 다만, 이러한 차별이 직무의 성격에 비추어 특정 성이 불가피하게 요구되는 경우라든가, 여성근로자의 임신 · 출산 · 수유 등 모성보호를 위한 조치를 하는 경우 내지 그 밖에 이 법 또는 다른 법률에 따라 적극적 고용개선조치를 하는 경우에는 합리적 이유가 있다고 인정되므로 이 법에서 금지하는 불합리한 차별의 개념에 포함되지 아니한다.

남녀고용평등을 이루려면 직장에서의 남녀의 평등한 기회보장 및 대우가 이루어져야 하는데, 이를 위하여 사업주는 근로자를 모집하거나 채용할 때 남녀를 불합리하게 차별하는 것이 금지된다. 사업주는 여성근로자를 모집 · 채용할 때 그 직무의 수행에 필요하지 아니한 용모 · 키 · 체

중 등의 신체적 조건, 미혼 조건 등의 조건을 제시하거나 요구하는 것이 금지될 뿐만 아니라, 동일한 사업 내의 동일가치 노동에 대하여는 동일한 임금을 지급하여야 한다. 만약 사업주가 임금차별을 목적으로 설립한 별개의 사업이 있다면 이들 사업은 동일한 사업으로 본다. 동일가치의 노동이라 함은 당해 사업장 내의 서로 비교되는 남녀 간의 노동이 동일하거나 실질적으로 거의 같은 성질의 노동 또는 그 직무가 다소 다르더라도 객관적인 직무평가 등에 의하여 본질적으로 동일한 가치가 있다고 인정되는 노동에 해당하는 것을 말하고, 동일가치의 노동인지 여부는 직무수행에서 요구되는 기술, 노력, 책임 및 작업조건을 비롯하여 근로자의 학력 · 경력 · 근속연수 등의 기준을 종합적으로 고려하여 판단하여야 한다. '기술'은 자격증, 학위, 습득된 경험 등에 의한 직무수행능력 또는 솜씨의 객관적 수준을, '노력'은 육체적 및 정신적 노력, 작업수행에 필요한 물리적 및 정신적 긴장 즉, 노동 강도를, '책임'은 업무에 내재한 의무의 성격 · 범위 · 복잡성, 사업주가 당해 직무에 의존하는 정도를, '작업조건'은 소음, 열, 물리적 · 화학적 위험, 고립, 추위 또는 더위의 정도 등 당해 업무에 종사하는 근로자가 통상적으로 처하는 물리적 작업환경을 말한다. 판례[1]는, 회사가 취업규칙에서 성별을 임금 결정의 중요한 기준으로 삼아 학력, 경력, 기술 등 다른 기준에서 별다른 차이가 없는 남녀 근로자에 대하여 미리 일률적으로 성별에 따라 다르게 책정된 일당을 적용하여 지급한 경우 남녀 모두 하나의 공장 안에서의 연속된 작업공정에

1 대법원 2003. 3. 14. 선고 2002도3883 판결.

배치되어 협동체로서 함께 근무하고 있고 공정에 따라 위험도나 작업환경에 별다른 차이가 없어 그 '작업조건'이 본질적으로 다르다고 할 수 없고, 문제가 된 남녀 근로자들의 경우 모두 일용직 근로자로서 그 '책임'의 면에서 별다른 차이가 있지 아니할 뿐만 아니라, '기술'과 '노력'의 면에서 임금차별을 정당화할 만한 실질적 차이가 없는 한 체력이 우세한 남자가 여자에 비하여 더 많은 체력을 요하는 노동을 한다든가 여자보다 남자에세 적합한 기계 작동 관련 노동을 한다는 점만으로 남성근로자에게 더 높은 임금을 주는 것이 정당화되지는 않는다고 보았다.

이 외에도 사업주는 임금 외에 근로자의 생활을 보조하기 위한 금품의 지급 또는 자금의 융자 등 복리후생에서 남녀를 차별하는 것이 금지될 뿐만 아니라, 근로자의 교육 · 배치 및 승진과 정년 · 퇴직 및 해고에서 남녀를 차별하는 것이 금지된다. 사업주는 또한 여성근로자의 혼인, 임신 또는 출산을 퇴직사유로 예정하는 근로계약을 체결하여서는 아니된다.

03 / 성희롱

사업주, 상급자 또는 근로자는 직장 내 성희롱을 하는 것이 금지되는데, '직장 내 성희롱'이란 사업주 · 상급자 또는 근로자가 직장 내의 지위를 이용하거나 업무와 관련하여 다른 근로자에게 성적 언동 등으로 성적 굴욕감 또는 혐오감을 느끼게 하거나 성적 언동 또는 그 밖의 요구 등에 따르지 아니하였다는 이유로 고용에서 불이익을 주는 것을 말한다. 사업주는 직장 내 성희롱을 예방하고 근로자가 안전한 근로환경에서 일할 수 있는 여건을 조성하기 위하여 직장 내 성희롱의 예방을 위한 교육(성희롱 예방 교육)을 실시하여야 하고, 사업주 및 근로자는 그에 따른 성희롱 예방 교육을 받아야 한다. 성희롱 예방 교육의 내용 · 방법 및 횟수 등에 관하여 필요한 사항은 대통령령으로 정한다. 사업주는 성희롱 예방 교육을 고용노동부 장관이 지정하는 성희롱 예방 교육기관에 위탁하여 실시할 수도 있다.

사업주는 직장 내 성희롱 발생이 확인된 경우 지체 없이 행위자에 대하여 징계나 그 밖에 이에 준하는 조치를 하여야 하고, 직장 내 성희롱과 관련하여 피해를 입은 근로자 또는 성희롱 피해 발생을 주장하는 근로자에게 해고나 그 밖의 불리한 조치를 하여서는 아니 된다. 이 외에도 고객 등 업무와 밀접한 관련이 있는 자가 업무수행과정에서 성적인 언동 등을 통하여 근로자에게 성적 굴욕감 또는 혐오감 등을 느끼게 하여 해당 근로자가 그로 인한 고충 해소를 요청할 경우 사업주는 근무 장소 변경, 배치전환 등 가능한 조치를 취하도록 노력하여야 한다. 사업주는 근로자가 성희롱에 따른 피해를 주장하거나 고객 등으로부터의 성적 요구 등에 불응한 것을 이유로 해고나 그 밖의 불이익한 조치를 하여서는 아니 된다.

04 여성 고용 촉진과 적극적 고용개선조치

여성의 고용 촉진을 위하여 무엇보다도 여성의 능력개발이 시급한 과제이다. 「남녀고용평등과 일 · 가정 양립 지원에 관한 법률」에서는 여성이 적성, 능력, 경력 및 기능의 정도에 따라 직업을 선택하고, 직업에 적응하는 것을 쉽게 하기 위하여 「직업안정법」 소정의 직업안정기관이 고용정보와 직업에 관한 조사 · 연구 자료를 제공하는 등 직업 지도에 필요한 조치를 할 의무가 있음을 명시하고 있다. 아울러 국가, 지방자치단체 및 사업주는 여성의 직업능력 개발 및 향상을 위하여 모든 직업능력 개발 훈련에서 남녀에게 평등한 기회를 보장하여야 한다. 고용노동부 장관은 여성의 고용 촉진을 위한 시설을 설치 · 운영하는 비영리법인과 단체에 대하여 필요한 비용의 전부 또는 일부를 지원할 수 있고, 여성의 고용 촉진을 위한 사업을 실시하는 사업주 또는 여성휴게실과 수유시설을 설치하는 등 사업장 내의 고용환경을 개선하고자 하는 사업주에게 필요한 비용의 전부 또는 일부를 지원할 수 있다. 이 외에도 고용노동부 장관은 임신 · 출산 · 육아 등의 이유로 직장을 그만두었으나 재취업할 의사가 있는 경력단절여성을 위하여 취업유망 직종을 선정하고, 특화된 훈련과 고용촉진 프로그램을 개발하여야 할 의무가 있고, 「직업안정법」 소정의 직업안정기관을 통하여 경력단절여성에게 직업정보, 직업훈련정보 등을 제공하고 전문화된 직업지도, 직업상담 등의 서비스를 제공할 의무가 있다.

「남녀고용평등과 일 · 가정 양립 지원에 관한 법률」은 적극적 고용개선조치에 대하여 규정하고 있는데, 적극적 고용개선조치란 현존하는 남녀 간의 고용차별을 없애거나 고용평등을 촉진하기 위하여 잠정적으로 특정 성을 우대하는 조치를 의미한다. 고용노동부 장관은 대통령령으로 정하는 공공기관 · 단체의 장 또는 대통령령으로 정하는 규모 이상의 근로자를 고용하는 사업의 사업주로서 고용하고 있는 직종별 여성근로자의 비율이 산업별 · 규모별로 고용노동부령으로 정하는 고용 기준에 미달하는 사업주에 대하여는 차별적 고용관행 및 제도 개선을 위한 적극적 고용개선조치 시행계획을 수립하여 제출할 것을 요구할 수 있다. 고용노동부 장관으로부터 적극적 고용개선조치 시행계획을 요구받은 사업주는 직종별 · 직급별 남녀 근로자 현황과 함께 적극적 고용개선조치 시행계획을 고용노동부 장관에게 제출하여야 한다. 고용노동부 장관은 제출된 시행계획을 심사하여 그 내용이 명확하지 아니하거나 차별적 고용관행을 개선하려는 노력이 부족하여 시행계획으로서 적절하지 아니하다고 인정되면 해당 사업주에게 시행계획의 보완을 요구할 수 있다. 고용노동부 장관에게 적극적 고용개선조치 시행계획을 제출한 사업주는 그 이행실적을 고용노동부 장관에게 제출하여야 하고, 고용노동부 장관은 제출된 이행실적을 평가하고, 그 결과를 사업주에게 통보한다. 고용노동부 장관은 평가 결과 이행실적이 우수한 기업에 대하여 표창을 하고 행정적 · 재정적 지원을 하는 반면, 평가 결과 이행실적이 부진한 사업주에게 시행계획의 이행을 촉구할 수 있다. 고용노동부 장관은 적극적 고용개선조치 시행계획을 제출한 사업주의 시행계획 및 그에 따른 이행실적을 근로자가 열람할 수 있도록 게시하는 등의 필요한 조치를 취할 의무가 있고, 적극적 고용개선조치를 이행하지 아니한 사업주의 명단을 이 법에서 정하는 요건에 따라 공표할 수 있다. 이 외에도 고용노동부 장관은 적극적 고용개선조치의 효율적 시행을 위하여 필요하다고 인정하면 관계 행정기관의 장에게 차별의 시정 또는 예방을 위하여 필요한 조치를 하여 줄 것을 요청할 수 있고, 이 경우 관계 행정기관의 장은 특별한 사유가 없으면 요청에 따라야 한다.

적극적 고용개선조치에 관한 사항으로서 여성근로자 고용기준에 관한 사항, 적극적 고용개선조치 시행계획의 심사에 관한 사항, 적극적 고용개선조치 이행실적의 평가에 관한 사항, 적극적 고용개선조치 우수기업의 표창 및 지원에 관한 사항, 적극적 고용개선조치 미이행 사업주 명단 공표 여부에 관한 사항, 그 밖에 적극적 고용개선조치에 관하여 고용정책심의회의 위원장이 회의에 부치는 사항과 같이 적극적 고용개선조치에 관한 중요 사항은 고용정책심의회의 심의를 거쳐야 한다. 고용노동부장관은 적극적 고용개선조치에 관한 업무를 효율적으로 수행하기 위하여 조사 · 연구 · 교육 · 홍보 등의 사업을 할 수 있고, 필요한 경우 이러한 업무의 일부를 대통령령으로 정하는 자에게 위탁할 수 있다.

05 모성보호와 일 · 가정 양립 지원

「남녀고용평등과 일 · 가정 양립 지원에 관한 법률」은 모성보호를 위하여 출산전후 유급휴가제도를 규정하고 있는데, 국가는 「근로기준법」 제74조 규정에 따른 출산전후휴가 또는 유산 · 사산휴가를 사용한 근로자 중 일정한 요건에 해당하는 자에게 그 휴가기간에 대하여 통상임금에 상당하는 금액을 출산전후휴가급여로서 지급할 수 있다. 「근로기준법」 제74조의 규정에 의하면, 사용자는 임신 중의 여성에게 출산 전과 출산 후를 통하여 90일(한 번에 둘 이상 자녀를 임신한 경우에는 120일)의 출산전후휴가를 주어야 하며, 이 경우 휴가기간의 배정은 출산 후에 45일(한 번에 둘 이상 자녀를 임신한 경우에는 60일) 이상이 되어야 한다. 사용자는 또한 임신 중인 여성근로자가 유산의 경험 등 대통령령으로 정하는 사유로 휴가를 청구하는 경우 출산 전 어느 때라도 휴가를 나누어 사용할 수 있도록 하여야 하며, 이 경우 출산 후의 휴가기간은 연속하여 45일(한 번에 둘 이상 자녀를 임신한 경우에는 60일) 이상이 되어야 한다. 이러한 「근로기준법」상의 출산전후휴가는 휴가 중 최초 60일(한 번에 둘 이상 자녀를 임신한 경우에는 75일)은 유급으로 하는데 이 경우 「남녀고용평등과 일 · 가정 양립 지원에 관한 법률」에 따라 출산전후휴가급여 등이 지급된 경우에는 그 금액의 한도에서 사용자는 지급의 책임을 면한다. 「남녀고용평등과 일 · 가정 양립 지원에 관한 법률」은 출산전후휴가급여 비용을 국가재정이나 「사회보장기본법」에 따른 사회보험에서 분담할 수 있도록 하고 있다. 여성근로자가 출산전후휴가급여 등을 받으려는 경우 사업주는 관계 서류의 작성 · 확인 등 모든 절차에 적극 협력하여야 한다. 출산을 하는 당사자 외에도 배우자의 출산을 이유로 근로자가 휴가를 청구하는 경우에 사업주는 5일의 범위에서 3일 이상의 휴가를 주어야 한다. 이 경우 사용한 휴가기간 중 최초 3일은 유급으로 하고, 배우자의 출산휴가는 배우자가 출산한 날부터 30일이 지나면 청구할 수 없다.

이 외에도 「남녀고용평등과 일 · 가정 양립 지원에 관한 법률」은 일과 가정의 양립을 위한 제도로서 육아휴직제도를 규정하고 있는데, 사업주는 근로자가 만 8세 이하 또는 초등학교 2학년 이하의 자녀(입양한 자녀 포함)를 양육하기 위하여 육아휴직을 신청하는 경우 이를 허용하여야 하며, 육아휴직의 기간은 1년 이내로 한다. 사업주는 육아휴직을 이유로 해고나 그 밖의 불리한 처우를 하여서는 아니 되며, 육아휴직 기간에는 그 근로자를 해고하지 못한다. 다만, 사업을 계속할 수 없는 경우에는 그러하지 아니하다. 사업주는 육아휴직을 마친 후에는 휴직 전과 같은 업무 또는 같은 수준의 임금을 지급하는 직무에 복귀시켜야 하는데, 육아휴직 기간은 근속기간에 포함한다. 기간제근로자 또는 파견근로자의 육아휴직 기간은 「기간제 및 단시간근로자 보호 등에 관한 법률」 소정의 사용기간 또는 「파견근로자보호 등에 관한 법률」 소정의 근로자 파견기간에 산입하지 아니한다. 이 외에도 사업주는 근로자가 부모, 배우자, 자녀 또는 배우자의 부모(이하 '가족'이라 함)의 질병, 사고, 노령으로 인하여 그 가족을 돌보기 위한 가족돌봄휴직을 신청하는 경우 이를 허용하여야 한다. 다만, 대체인력 채용이 불가능한 경우, 정상적인 사업운영에 중대한 지장을 초래하는 경우 등 대통령령으로 정하는 경우에는 그러하지 아니하며, 이 경우 가족돌봄휴직을 허용하지 아니하는 사업주는 해당 근로자에게 그 사유를 서면으로 통보하고, 업무를 시작하고 마치는 시간 조정, 연장근로의 제한, 근로시간의 단축, 탄력적 운영 등 근로시간의 조정, 그 밖에 사업장 사정에 맞는 지원조치를 하도록 노력하여야 한다. 가족돌봄휴직 기간은 연간 최장 90일로 하며, 이를 나누어 사용할 수 있다. 이 경우 나누어 사용하는 1회의 기간은 30일 이상이 되어야 한다. 사업주는 가족돌봄휴직을 이유로 해당 근로자를 해고하거나 근로조건을 악화시키는 등 불리한 처우를 하여서는 아니 되며, 가족돌봄휴직 기간은 근속기간에 포함한다. 다만 「근로기준법」상 인정되는 평균임금 산정기간에서는 제외한다.

「남녀고용평등과 일 · 가정 양립 지원에 관한 법률」은 일과 가정의 양립을 위한 또 다른 제도로서 육아기 근로시간 단축을 규정하고 있는데, 앞서 본 육아휴직을 신청할 수 있는 근로자가 육아휴직 대신 근로시간의 단축을 신청하면 사업주는 이를 허용하여야 한다. 다만, 대체인력 채용이 불가능한 경우, 정상적인 사업운영에 중대한 지장을 초래하는 경우 등 대통령령으로 정하는 경우에는 예외적으로 이를 허용하지 아니할 수 있다. 이 경우 예외적으로 사업주가 육아기 근로시간 단축을 허용하지 아니하는 경우에는 해당 근로자에게 그 사유를 서면으로 통보하고 육아휴직을 사용하게 하거나 그 밖의 조치를 통하여 지원할 수 있는지를 해당 근로자와 협의하여야 한다. 사업주가 근로자에게 육아기 근로시간 단축을 허용하는 경우 단축 후 근로시간은 주당 15시간 이상이어야 하고 30시간을 넘어서는 아니 되며, 육아기 근로시간 단축의 기간은 1년 이내로 한다. 사업주는 육아기 근로시간 단축을 이유로 해당 근로자에게 해고나 그 밖의 불리한 처우를 하여서는 아니 되고, 근로자의 육아기 근로시간 단축기간이 끝난 후에 그 근로자를 육아기 근로시간 단축 전과 같은 업무 또는 같은 수준의 임금을 지급하는 직무에 복귀시켜야 한다. 육아지원을 위한 그 밖의 조치로서 사업주는 만 8세 이하 또는 초등학교 2학년 이하의 자녀(입양한 자녀 포함)를 양육하는 근로자의 육아를 지원하기 위하여 업무를 시작하고 마치는 시간 조정, 연장근로의 제한, 근로시간의 단축, 탄력적 운영 등 근로시간 조정, 그 밖에 소속 근로자의 육아를 지원하기 위하여 필요한 조치를 하도록 노력하여야 하고, 고용노동부 장관은 사업주가 위와 같은 조치들을 할 경우 고용 효과 등을 고려하여 필요한 지원을 할 수 있다. 국가는 사업주가 근로자에게 육아휴직이나 육아기 근로시간 단축을 허용한 경우 그 근로자의 생계비용과 사업주의 고용유지비용의 일부를 지원할 수 있고, 소속 근로자의 일 · 가정의 양립을 지원하기 위한 조치를 도입하는 사업주에게 세제 및 재정을 통한 지원을 할 수 있다.

상시 여성근로자 300명 이상 또는 상시 근로자 500명 이상을 고용하고 있는 사업장의 사업주는 근로자의 취업을 지원하기 위하여 수유 · 탁아 등 육아에 필요한 직장어린이집을 설치할 의무가 있고, 고용노동부 장관은 근로자의 고용을 촉진하기 위하여 직장어린이집의 설치 · 운영에 필요한 지원 및 지도를 하여야 한다. 고용노동부 장관은 직장어린이집을 설치하여야 할 의무가 있는 사업주 외의 사업주가 직장어린이집을 설치하려는 경우에는 직장어린이집의 설치 · 운영에 필요한 정보 제공, 상담 및 비용의 일부 지원 등 필요한 지원을 할 수 있다. 이 외에도 고용노동부 장관은 일 · 가정 양립 프로그램의 도입 · 확산, 모성보호조치의 원활한 운영 등을 지원하기 위하여 조사 · 연구 및 홍보 등의 사업을 하고, 전문적인 상담 서비스와 관련 정보 등을 사업주와 근로자에게 제공하여야 한다. 이러한 일 · 가정 양립 지원을 위한 각종 사업과 정보제공 업무와 직장보육시설 설치 · 운영의 지원에 관한 업무를 대통령령으로 정하는 바에 따라 공공기관 또는 민간에 위탁하여 수행할 수 있고, 이 경우 고용노동부 장관은 업무를 위탁받은 기관에 업무수행에 사용되는 경비를 지원할 수 있다.

부 록

직장생활 상식법률

「근로기준법」을 중심으로

Ⅰ. 노동심판 및 소송 개요

1. 노동위원회 심판과정

부당해고 등 각종 구제신청

↓

지방노동위원회
심판위원회 구성 및 사실관계 조사

↓

지방노동위원회
심문회의 및 판정회의

↓

지방노동위원회
판정

↓

중앙노동위원회
재심 청구

↓

중앙노동위원회
심문회의 및 판정회의

↓

중앙노동위원회
판정

2. 법원 소송과정

가. 민사소송 제기

노동위원회 구제신청 대신
곧바로 법원에 민사소송 제기

↓

제1심 재판 및 판결

↓

항소심 재판 및 판결

↓

상고(대법원) 재판 및 판결

↓

판결 확정

나. 행정소송 제기

중앙노동위원회의 재심판정에 대한
행정소송 제기

↓

1심에서 항소심, 상고심까지
모두 3심 재판, 판결

↓

판결 확정

Ⅱ. 취업 시 「근로기준법」 관련 유의사항

가 채용 단계

- 근로계약 조건 확인
- 근로계약서 서면 요구
- 회사의 취업규칙 내용 확인

나 근무 중 취업규칙 준수

- 사내 질서 유지 의무
- 비밀 유지 의무
- 겸업 금지 의무
- 안전 주의 의무

다 근무와 관련한 근로자의 권리

- 휴일, 휴가, 휴게
- 안전조치 요구
- 평등대우 요구

라 근로관계 종료 시 근로자의 권리

- 해고의 정당성 체크
- 퇴직 시 임금 및 퇴직금 정산
- 각종 증명서류 발급

참고문헌

김유성, 『노동법 1』, 법문사, 2005.

김형배, 『노동법』, 박영사, 2015.

이상윤, 『노동법』, 법문사, 2011.

이철수 · 김인재 · 강성태 · 김홍영 · 조용만, 『로스쿨노동법』, 도서출판 오래, 2016.

임종률, 『노동법』, 박영사, 2016.

하갑래, 『근로기준법』, 중앙경제㈜, 2013.

김철수, 『헌법학개론』, 박영사, 2005.

허 영, 『한국헌법론』, 박영사, 2005.

김 왕 · 이승길, 「금전보상제도의 현황과 법적쟁점」, 『노동법연구』 제39호, 서울대학교노동법연구회, 2015.

김재훈, 「단체협약에 의한 근로조건 불이익변경의 한계」, 『노동정책연구』 제9권 제2호, 한국노동연구원, 2009.

김선수, 「채용내정자의 법적지위」, 『노동법연구』 제8권, 서울대학교노동법연구회, 1999.

최윤희, 「산업화와 법 –산업화에 따른 노동, 환경, 자본, 사회보장의 측면에서 본 법과 법률가의 역할–」, 『일감법학』 제13호, 건국대학교 법학연구소, 2008.

최윤희, “18. 임금채권의 우선변제 –대법원 2008. 6. 26. 선고 2006다1930 판결(배당이의)–”, 『한국노동법학회 노동판례백선』, 박영사, 2015.

찾아보기

ㅂ

ㅅ

ㅇ

직장생활 상식법률

-「근로기준법」을 중심으로-

1판 1쇄 펴낸날 2016년 2월 15일
1판 2쇄 펴낸날 2018년 2월 15일
지은이 최윤희
펴낸이 민상기
펴낸곳 건국대학교출판부
등록 / 제 4-3 호(1971. 6. 21.)
주소 / 05029, 서울특별시 광진구 능동로 120 건국대학교
전화 / (02) 450 - 3891~ 3
팩스 / (02) 457 - 7202
홈페이지 / http://press.konkuk.ac.kr
e - mail / press@konkuk.ac.kr

책임편집 박명희
찍은곳 네오프린텍(주)

정가 12,000원

ISBN 978-89-7107-603-3 03360

이 도서의 국립중앙도서관 출판예정도서목록(CIP)은 서지정보유통지원시스템 홈페이지(http://seoji.nl.go.kr)와 국가자료공동목록시스템(http://www.nl.go.kr/kolisnet)에서 이용하실 수 있습니다.(CIP제어번호: CIP2016017252)